이반 거회

이반지하의 공간 침투

일러두기

1. 이 책에는 국립국어원의 한국어 어문 규범에서 벗어나거나 이를 비튼 표현, 사전에 등재되지 않은 어휘가 자주 등장한다. 이 경우 저자 고유의 표현과 의도를 존중해 최대한 살렸다.

2. 6~7면에 수록된 삽화의 제목은 〈위태로운 구조, 토대〉(종이 위에 흑연, 21×30.5cm, 2010)이다. 이밖의 삽화들은 모두 저자가 아이패드를 사용해 그린 것이다. 139면에 수록된 삽화는 저자의 작품 〈죽음들에 귀 기울이다〉(캔버스에 아크릴과 마커펜, 84×63.5cm, 2022)를 다시 그린 것으로, 원화는 저자의 홈페이지(soyoonkim.com)에서 확인할 수 있다.

3. 단행본, 정기간행물 제목에는 『』, 신문기사, 단편, 공연물, 곡 제목에는 「」, 미술작품 제목에는 〈 〉를 사용했다.

이반지하의

이반지하
지음

공간 침투

창비
Changbi Publishers

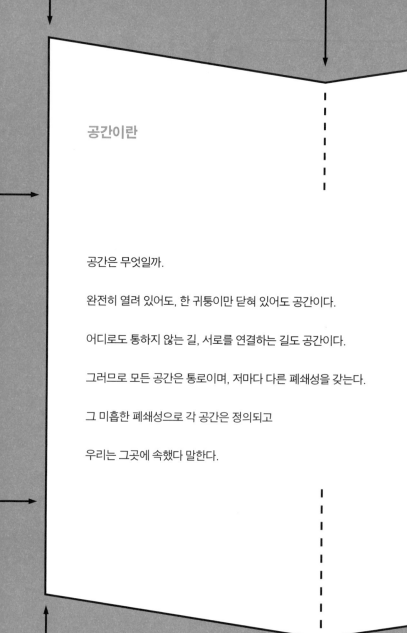

공간이란

공간은 무엇일까.

완전히 열려 있어도, 한 귀퉁이만 닫혀 있어도 공간이다.

어디로도 통하지 않는 길, 서로를 연결하는 길도 공간이다.

그러므로 모든 공간은 통로이며, 저마다 다른 폐쇄성을 갖는다.

그 미흡한 폐쇄성으로 각 공간은 정의되고

우리는 그곳에 속했다 말한다.

그러나 나서자마자 끝이 났어야 할 공간은 건물에 갇혀주지 않았다. 떠올려야 했던 모든 순간, 공간은 발밑부터 시작되어 사방으로 퍼져 나갔다. 그렇게 공간은 끝없이 확장되어 아무리 멀리멀리 걸어나와 도, 차를 타고 다리 몇개를 쏜살같이 건너도, 나를 여전히 그곳에 속 하도록 했다.

집게

나, 평생을 집에서 도망치며 살고 있나.

어릴 때는 가족을, 주고받는 숨을, 관계를 벗어나기 위해 집에서 도망쳤다.

꼼짝없이 다 커버린 다음에는 애인의 폭언과 화를 피해 집에서 도망쳤다.

손댈 엄두가 안 나는 구질구질한 살림살이와 생활, 인생이라는 폭탄을 잠시라도 망각하기 위해 수없이 집에서 도망쳤다.

어디로 갈 것인가,

가 아니라 속한 곳에서 도망치는 것이, 멀리멀리 달아나는 것이 가장 중요한 감각.

뛰지 않고 있어도 바람이 옆머리를 흩뜨리며 마음의 정면으로 횡횡 불어닥치는.

향하는 것이 아니라 떠나는 것이다.

이따끔 다시 붙잡혀 올 것을 알면서.

그러다 문득, 집에서 도망치는 일을 멈추기 위해 유튜브 수납정리 콘텐츠를 보기 시작했다. 하지만 여전히 집을 두고 도망치는 것이 훨씬 쉽다. 아무것도 올려져 있지 않은 빈 테이블과 남이 내려준 커피 같은 것을 잠시 사는 일이 훨씬 쉽다. 집을 가꾼달지 관리한달지 하는 일은 배워본 적이 없었다. 그런 건 당연히 가사도우미 아줌마가 해줄 일이었거나, 손도 못 쓴 채 쌓이고 방치될 수밖에 없는 일이었기 때문에 나는 보통 잠만 자고 서둘러 집을 빠져나왔다.

문득, 그런 건 빈 공간을 선물 받았을 때나 가능한 일 아닌가 하는 생각이 들었다. 수납 꿀팁, 인테리어 같은 것 말이다. 하지만 모를 일이다. 남들이 어떻게 살던 곳을 떠나는지에 대해선 아는 바가 없었다. 여전히 주로 결혼을 하며 살던 곳을 떠나는지, 그래서 혼수 같은 걸 준비하는지, 요즘도 신부 수업 같은 게 있는지. 아니, 이런 건 어차피 내 세상에선 영원히 알 길 없는 사정들이다. 매끄럽게 설계되고 준비된 독립은 주어진 적도, 생각해본 적도 없었다. 모든 것은 주로 닥쳐왔다. 이쪽의 사정을 봐주지 않고 그저 물밀 듯이 공간 쪽에서 인생을 밀어내듯 닥쳐왔다.

그러니까 나는 매번 수비를 하고 있었다. 한번도 공간을 향해 공격적인 마음을 가져본 적이 없었다. 살뜰히 준비해 쳐들어간다거나, 여러 조건을 두루 보고 여유있게 선택해 골라내는 입장이 아니었다. 단지 이전 공간에서부터 떠밀리고 쳐밀려온 곳이 지금의 공간이 되었다. 이 공간 역시 종국엔 나를 밀어낼 것이었다. 그래서 공간은 언제나 닥쳐오는 것이었다. 이쪽 사정을 봐주며, 어르거나 달래면서 와주지 않았다.

4인 가족의 짐더미만큼 쌓인 물건들을 '작품'이라 부르며 이고지고 사는 입장에선 언제나 공간을 향한 수비 태세를 갖추고 있어야 했다. 어느 부동산을 가든 어느 이삿짐센터를 만나든 아쉬운 소리를 그들의 핀잔과 맞교환했다. 그런 순간마다 돈 주는 입장이라며 고개를 빳빳이 들고 대단한 고객입네 하지 못했던 것은, 사업하신다는 분들이 풍기는 고압적 태도와 말뽄새가 무척이나 친근했기 때문이었다. 내 짐과 생활을 향해 그들이 쏟아내는 한숨과 핀잔, 때론 위협에 가까운, 내가 요청한 적 없던 충고들은 당신들이라는 존재가 세상에 있는지도 몰랐던 아주 오래전부터 내가 나에게 매일 아침 건네는 말들이었다.

　걱정마세요. 세상 누구보다 이 등으로 쳐받고 있는
짐더미를 가장 많이 저주하고 있습니다.
　바로 여기, 이 집게가요.

*

　중학교 땐 집게를 키우는 것이 유행이었다. 나와 친
구들은 대부분 백화점에서 집게를 샀고, 간혹 하와이
해변에 가서 잔뜩 잡아왔다고 하는 애도 있었다. 집게
에 대해 아는 것은 하나도 없었다. 집게를 파는 사람들
도 작은 프링글스 통 같이 생긴 먹이함, 그 먹이를 물
에 희석해줄 아주 얇은 투명 플라스틱 접시, 구멍 뚫린
지붕을 씌운 집게의 집, 색색깔의 소라를 짊어지고 있
는 집게들의 가격만 알고 있었다. 아직 인터넷이 없던

세상에서 집게에 대해 알아볼 방법은 낡은 백과사전을 찾아보는 것뿐이었는데, 그런 책이라고 집게처럼 대중적이지 않은 생물을 자세히 다뤄줄 리는 없었다.

집게는 뭐였을까. 아마도 개나 고양이를 허락받지 못한 아이들이 학교 앞 병아리를 사오는 걸 막기 위해 부모가 선택하는 번거롭지 않은 정서 도우미. 과외 스케줄만 관리하는 가정교사나 마음만 관리하는 전담 교사가 있던 인심 좋은 동네에서 집게 정도는 큰 무리 없이 들일 만한 생물이었을 것이다. 배변 훈련이나 성대 수술 같은 번거로움 없이 아주 작은 공간만 턱 내어주면 아이들 정서는 함양되었다.

거실 한면을 다 채우는 대단한 어항 가득히 집게를 키우는 친구도 있었지만 우리 집은 처음 집게를 사왔던 지붕 달린 투명 플라스틱 통 속에서 계속 집게를 키웠다. 그 통은 어느 순간부터 아무도 치지 않게 된 피아노 위에 자리를 잡았다. 이따금씩 친구가 집에 놀러 오면 집게를 통에서 꺼내 장난질을 했다. 손바닥에 올려 야곰야곰 움직이는 모습을 눈도 깜빡이지 않고 숨죽여 바라봤고, 집게가 가는 길마다 시비를 걸듯 장애물을 하나씩 놓아 어떻게 난관을 극복하는지 시험해보기도 했다. 책 한권 높이 정도는 다리를 뻗고 모아 쥐어 올라갈 줄 알았고, 두권 정도 높이가 되면 올라가기보다 돌아가길 택했다. 친구랑 몇마디 뱉던 말이 긴 수다가 되면 집게는 금세 잊혀졌다. 그러다 어느 순간 소스라치게 놀라며 우리는 집게가 어딨는지 찾기 시작했다. 잃어버리면 곤란한 살아 있는 생물이었기 때문에 반드시 찾아야 했다. 소파 밑 같은 어두운 구석으로 들어가진 않았을까 온 집안을 혼비백산 뒤졌고, 내가 또 일을 저질렀어, 하고 체념할 때쯤이면 기다렸단 듯이 꼭 그를 꺼내놓았던 최초의 공간으로부터 그리 멀지 않은 곳에서 밍기적대고 있는 집게를 발견할 수 있었다.

큰 어항 가득 집게를 키우는 친구가 빈 소라 껍데기

를 어항에 넣어두면 집게들이 집을 옮겨 다닌다는 걸 알려주었다. 소라껍데기의 모양이나 색으로 집게의 이름을 짓고 구별하는데 집을 옮겨 다닌다니, 나는 조금 당황스러운 마음이 되었다. 친구는 유리 어항 구석에 있는 집게 하나를 손으로 가리키며, 얘가 원래 저기 있었는데 지금 여기로 옮겨온 거야, 하고 알려주었다. 언제 집을 옮기는진 정확히 알 수 없지만 몸이 지금 소라 집에 안 맞게 커지거나 좀더 나은 집이 보이면 그리로 옮기는 것 같다고 했다. 무척 신기한 얘기였다.

저녁을 먹고 난 후 큰 소라 껍데기 하나가 생기자, 나는 친구에게 들은 얘기를 하며 이걸 통에 넣어주자고 말했다. 비눗물로 잘 씻은 빈 소라 껍데기를 집게가 사는 플라스틱 통 옆에 올려두었다. 물기를 말리기 위해서였지만 곧 다 잊어버렸다. 그냥 플라스틱 통과 빈 소라 껍데기가 피아노 위에 놓여 있게 되었다.

며칠이 지나지 않았을 수 있지만, 그로부터 시간이

몸이 커져 소라가 답답했던
집게는 집은 빠져나와
홀가한 모습으로 수조 안을
돌아다니기 시작했다.
하지만 아무리 찾아봐도
커진 몸을 붙일 만한 새로운
소라 집게는 보이지 않았다.

한참 지났을 수도 있을 어느 아침이었다. 학교에 가기 전 이를 닦고 있는데 집게가 집에서 나와 돌아다니고 있다는 말소리가 들려왔다. 어떻게 플라스틱 통에서 혼자 나왔지 생각하다가, 곧 그게 그 집이 아닐 거라는 걸 생각해냈다.

아마도 집이 비좁아졌을 집게는 집이었던 소라 껍데기에서 빠져나와 본 적 없는 엄청난 속도로 투명 플라스틱 통 안을 돌아다니고 있었다. 멀리서 봐도 무척 흉측한 모습이었기에 나를 포함한 누구도 가까이 갈 수 없었다. 귀여운 소라 껍데기 속에 있던 집게의 몸은 발악하듯 크지도 않은 플라스틱 통 속 모래 위를 뱅글뱅글 돌며 존재하지 않는 새집을 찾아 헤매고 있었다. 가족들은 내가 가장 용감하니 빨리 가서 통 옆에 있는 새 소라 껍데기를 넣어주라고 했지만, 나는 아무래도 그런 용기를 갖고 있지 않았다. 피아노 위 집게가 거의 정면으로 보이는 자리에 식탁이 있었지만, 온 가족이 못

본 척 서둘러 아침밥을 먹었다. 집게가 그토록 징그러워질 것을 각오한 사람은 아무도 없었고, 그걸 알았다면 누구도 그런 것을 사려 하지 않았을 것이었다. 이따 아줌마 시켜야겠다, 라고 가족 하나가 말했다.

학교에서 집으로 돌아오니 플라스틱 통은 깨끗이 비워져 있었다. 징그럽드라, 도우미 아줌마가 말했다. 오늘 아침엔 가족 모두가 아줌마를 기다렸다. 그가 빨리 와서 우리로부터 징그러움을 치워주길 바랐다. 물론 그가 원래부터 용감한 사람이었는지는 누구도 궁금해하지 않았다.

*

나는 성인이 되고, 또 그로부터 한참이 지나고 나서도 가끔 집게에 대해 생각하곤 했다. 살다보면 문득 그 절절한 시위와도 같던, 모래를 밟아대던 타르륵 타르

룩 소리가 귀에서 찰찰찰 들려올 때가 있었다. 집게에게는 표정도 목소리도 없었지만 나는 귀가 찢어질 듯이 그 순간을 기억하고 있었다.

집게는 집을 나선 자였다. 등허리에 지고 있는 집 외에 다른 집이 세상에 있는지 알아볼 여유 같은 걸 부릴 겨를 없이 무작정 길을 나서버린 자였다. 속한 곳을 벗어나야 한다는 것, 그 생각만으로 가득 찬 생물체였다. 속했던 곳을 완전히 빠져나오고 나서야 그 좁은 플라스틱 세상에 다른 소라 껍데기 같은 건 없다는 사실을 알게 되었다. 집게는 온몸이 완전히 말라비틀어질 때까지 아무것도 없는 공간을 맨몸으로 발악하듯 누비다 죽어버렸다. 나는 그때의 그를 모른 척한 벌을 받게 될 거라 생각하곤 했다. 내 몫의 벌은 무엇일까. 나는 얼마만큼 그 빚을 갚았을까. 나는 지금 얼마만큼 집게인가.

차례

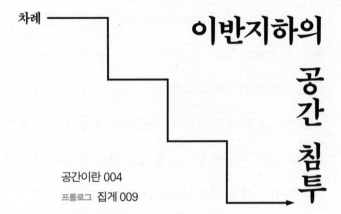

이반지하의 공간 침투

1부
끼어버리다

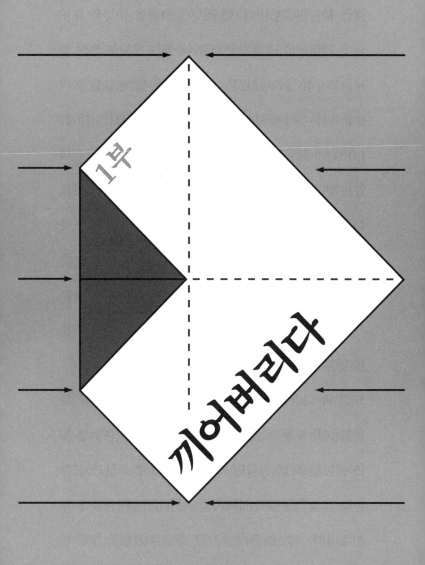

1부

끼어버리다

방 안에서

쓸 것인가

슬슬 글을 써야 한다는 것을 알고 있다. 한동안 마음이 너무 바빴다. 24시간 돌아가는 과열된 서버 같았다. 그렇게 나의 순간들을 다뤄낼 시간은 미뤄지고 미뤄지고, 그러면 나는 그 순간을 잡아챈 글을 다시 그때만큼 써낼 수 없다는 걸 안다. 놓친 글들은 모두 상실이 된다. 그래서 나는 최대한 상실을 줄이기 위해 다시 키보드와 친해지기로 한다.

순응은 편리함의 얼굴로 다가온다. 얼마나 유혹적인

얼굴을 하고 있는지 모른다. 키보드를 난생처음 만났던 10대 때부터 나는 열 손가락을 고루 쓰는 정통 한컴타자 타법과 혼자 고독한 싸움을 해오고 있다. 이것이 대단한 사상적 투쟁이나 주장은 아닐지라도, 나는 도구와 재료를 쓰는 방식이 작품에 미치는 영향을 가벼이 여길 수 없다. 손으로 종이 표면을 쥐고 쓰는 글, 데스크톱 화면을 두고 전선에 몸이 묶인 채 고정된 자리에서 쓰는 글, 아무데서나 사뿐히 노트북을 열어 쓰는, 자리에서 놓여난 글과, 대놓을 무릎조차 필요 없이 스마트폰으로 누워서 쓰는 글은 전혀 다른 냄새를 풍긴다. 앉아서 그리는 그림과 온몸을 움직이며 그리는 그림의 붓과 면의 관계성이 전혀 다른 것과 같은 원리이다.

나는 내 글이 어떤 정수를 담고 있길 바라지만, 그것이 이동할 수 없을 정도로 묵직해지지는 않도록 하고 싶다. 가볍게 가볍게, 글과 나 사이를 진지하게 만들고 싶지 않다. 주로 실없는 이야기를 나누고 아무렇게나 만나고 헤어지고, 그러면서도 서로를 우습게 생각하지는 않는 복잡한 가벼움을 나와 글이, 우리가 만들 수 있다면.

하지만 이런 대단하신 마음도 목을 굽힐 수 없을 정도로 닳아버린 경추 앞에 서면, 늦어도 너무 늦은 이 순간일지라도 한컴타자연습분께 절로 고개가 숙여진다. 작품에 개입하는 각종 도구와 재료 중, 뼈와 살이 든 몸뚱이가 가장 큰 변수였음을 이제야 깨닫는다.

*

글을 쓴 지 무척 오래되었다는 감각이 있었다. 그리고 새로운 도구를 갖고 싶었다. 윈도우용 노트북도 있고 애플 데스크톱 컴퓨터와 아이폰도 있지만, 작은 사이즈의 맥북에어를 갖고 싶었다. 그게 있으면 진짜 글을 다시 쓸 수 있을 거라 생각했다. 영상이나 그림 같은 다른 작업을 위한 용도가 아닌 딱 타자기로서만 복무하는 가장 작은 사이즈의 맥북 에어가 몹시 갖고 싶어졌다.

두번째 책을 내고 나자 사람들은 공개적인 자리에서 내게 글쓰기 방법을 물어오기 시작했다. 제법 글 쓰는 사람으로도 유통되기 시작했다는 사인이었다. 나는 스마트폰으로 글을 가장 많이 쓴다 했고, 그것은 여전히 그렇다. 그럼에도 나는 지금 맥북에어가 고프다. 아주 갑작스럽게 어디서 넘어왔는지도 모를 각종 파일과 프로그램, 액티브X가 깔린 윈도우용 노트북이 불결하게 느껴졌다. 아주 깨끗한 흰 종이를 보고 싶었고, 그 종이에 첫 더러움을, 어둠을 묻히는 자가 되고 싶었다. 모든 순간이 연결되고 각종 멀티플레이가 요청, 수행되는 시대의 한복판에 첨단 명상실을 마련하고 싶은 욕망이었다.

노트북을 사는 일은 왜 종이를 사는 일보다 이토록

많은 품을 요하는가. 이토록 많은 인구가 사용하고 있는 데도 여전히 이렇게 비쌀 수 있다니. 물론 그렇게 생각하면 집도, 스마트폰도, 차도, 그렇게 끝도 없는 물건들이 말도 안 되게 비싸다. 내 수입이 빠앙— 부풀거나 물건 쪽에서 김이 빠앙— 빠져줘야 하는데 어느 쪽도 원활하지 않기에 나는 지금 이곳에 있다. 이 자리에서 예상보다 훨씬 뛰어난 성능을 가진 휴대용 키보드를 원망하고 있는 것이다. 몇달 전 미술 잡지와 인터뷰 후 증정 받은 휴대용 블루투스 키보드의 기능은 짜증스러울 정도로 훌륭했다. 스마트폰 거치가 불편하지 않도록 홈까지 얄쌍히 파여 있었으며, 글자가 화면에 찍힐 때 딜레이가 있을 거라는 나의 예상 역시 보기 좋게 뭉개버릴 만큼 뛰어난 성능을 자랑하고 있었다. '뛰'를 치며 순간 쌍디귿이 제대로 안 나오잖아, 선언하려 했지만 그냥 내가 시프트키를 늦게 눌렀기에 벌어진 일로 금세 판명 났다.

형편에 맞지 않는 욕망의 상담을 전담하고 있는 친구에게 현재를 공유했다. 사려는 욕망은 언제나 온당한 적이 없었기 때문에, 이 욕망을 안 아프게 꼬집어주며 달래줄 친구는 언제나 소중했다. 하지만 그는 내 주머니 안팎 사정을 너무 잘 알고 있었다. 나에게 이미 데스크톱, 노트북, 아이패드, 아이폰이 있다는 사실을 그가 상기시켜줬기에 몹시 짜증이 났다. 상대가 외면하려는 부분을 굳이 열어젖히는 것은 타인에 대한 예의가 아니지 않나. 이런 게 가정교육의 문제, 그런 거 아닌가.

"알지. 그런데,"

나는 그의 말을 인정한 뒤 어필하길 반복했다. 조금 주눅 든 악성 민원인처럼 '그래도' '아니, 근데' 같은 말을 반복하며 이 욕망의 쓸모에 대해, 이 욕망이 낳을

긍정적 효과에 대해 논리와 감정을 뒤섞어 주장했다. 한수 접고 한걸음 나가는 화법이 더이상 안 먹히는 순간이 되자, 지금 집에 갈 수 없는 이유를 집사람에게 둘러둘러 전해보는 늦은 밤 술집의 바깥양반처럼 휴대폰을 들고 부엌과 거실의 없는 경계를 왔다갔다 하며 탄식과 주절거림을 멈추지 않았다.

한동안 철저히 매뉴얼을 숙지한 콜센터 직원처럼 대꾸하던 친구는, 약간의 공백 뒤 조금 누그러진 목소리로 말했다.

"그래. 그래도 니가 글을 다시 써준다니 반갑다. 니 글 많이 읽고 싶긴 하다."

흡.

그 순간 몸과 마음은 동시에 멈춰 섰다. 욕망의 열기가 가득한 장바구니 속으로, 내 글을 아끼는 이의 따뜻함이 찬물처럼 전해지자, 아주 부드러운 얼음을 만난 것처럼 나는 아주 잠시 마비되었다. 마비된 채 둥실 떠올랐다가 사뿐히 다시 바닥에 안착한다. 나는 아직 마비가 덜 풀린 입을 움직여 말한다.

"아씨… 말을 그케 하믄 어카냐……."

이제 나는 찍소리 않고 여전히 그렇게까지 낡진 않은 노트북을 쓰윽 열어 못생긴 화면에 타박타박 글자를 박아 넣기 시작한다. 에휴, 써지고 지랄.

당연히 문제는 윈도우도 노트북도 아니다. 품이 드는 기억을 헤집어 까내야 글이 된다는 것을 잘 알고 있기 때문에 그럴 뿐이다. 출판 계약이 있다곤 하지만 사실 이것은 정말로 아무도 시키지 않은 일이다. 그저 내가 나에게 작가이길 요구하고 있을 뿐이다. 요구하는 자가 자기 자신이라 해서 각각의 요구들이 모두 달가운 것은 아니기에 나는 뱅뱅 주변을 맴돌다 멈추곤 의미없이 바닥을 발로 차는 것이다. 매 순간 너무 깊은 곳을 건드리고 있는 건 아닌지, 벌써 쇠 냄새가 올라오는 게 느껴지지 않는지, 그럼에도, 그럼에도 누구도 시키지 않은 이야기를, 여전히 사방으로 가시를 뻗친 채 위장에 박혀 있는 성게를 스스로 꺼내는 것은 나를 해하는 일인가, 혹은 구하는 일인가. 그것은, 그것을 완전히 꺼내보고 철저히 만신창이가 되었을 때에야 비로소 알 수 있다.

*

쓰고 싶지 않은 글이 있다. 입장문, 사건 개요, 고소장 같은 글이 그렇다. 그런 글을 써야 하는 상황 자체가 이미 괴롭기도 하지만, 나는 그런 글에 나를 써야 한다는 사실에 분통이 터진다. 나는 더 쓸모있는 글을, 분명 더 중요한 글을 쓸 수 있는데 이 시간과 에너지, 호흡을 그런 일에 허비해야 한다는 것이 무척 화가 난다. 그래서 그런 글들 앞에선 안 하던 짓을 하게 된다. 머리 한쪽 구석에서 그 글의 내용을 구성하고 있는 주제에 육체는 넷플릭스를 본다거나 한다. 결국 몸의 큰 일부를 그 글들에 내주기를 멈추지 못하면서도 나의 중심으로 가져오는 건 한계치까지 미루고 또 미룬다. 분하다. 그런 글을 쓰는 데 이 놀라운 재능을 써야 한다는 것이.

그런 일들은 뭐랄까, 마누라가 해줘야 하지 않나. 이런 보통 사람들의 송사, 잡도리 같은 것은 마누라가 처리를 좀 해줘야 내 맘껏 뜻을 펼칠 수 있지 않겠는가 이 말이다. 나는 친히 돌봐야 할 예술이 있단 말이오. 참으로 원통하오. 무엄하오. 진심이오. 대하드라마「고려거란전쟁」을 보는 중이다. 화가 가라앉질 않는다. 왜 이런 뒤치다꺼리마저 짐에게 하라는 것이오. 놈들을 모두 개경으로 압송하시오. 내 언젠가는 네놈들을 모두

참수할 것이다. 모조리 남김없이 내 수청을 들게 할 것
이다. 이후 거란은 고려를 다시 한번 침략했다. 이듬해
와 그다음 해에도 연달아 고려를 침략했다. 그러나 고
려는 허나 고려는 쉬펄 고려는.

삼단 도시락 안에서

인간과 기계사이

　오늘도 어젯밤에 도착한 도시락을 냉장고에서 꺼냈다. 몇년 전만 하더라도 '도시락'은 무척 사람 냄새 나는 단어였겠지만, 이것도 산업이 되고부터는 확실히 하나의 메뉴랄까, 일종의 판매 형식이 되었다. 나는 지금 이 산업을 구독하고 있다. 허리 디스크 수술 후 한 대기업 도시락 서비스를 구독하기 시작했다. 그러고 보니 언제부터 구독이라는 말이 잡지나 신문 아닌 매체와 더 자주 손잡기 시작했을까. '구독'이라는 단어의 역사를 살펴본다면 분명 어느 시점부터 갑자기 폭발적으로 증가하는 사용 횟수를 볼 수 있을 것이다. 어쩌면 이젠 그냥 과거에 한 선택의 결과로서 정기적으로 쳐맞는 뒤통수의 다른 표현이 됐는지도 모른다. 어쨌든 나는 광범위한 배달 메뉴와 선택에서 풀려나 요리를 완전히 집 밖으로 몰아냈다. 여전히 분리수거와 잔반 처리는 내 몫이니 완전히 외주를 주었다고 보긴 어렵지만, 식사에 관한 전통적인 개념의 핵심 주도권은 전부 넘들에게 넘겨주었다고 할 수 있었다.

도시락은 보통 밤 11시경 배달된다. 매일 밤 11시경 내 몸이 한번 **쭈뼛**한다는 말이다. 현관 문고리에 매달린 도시락 가방이 문에 부딪히는 소리와 현관문을 강제로 따려는 소리는 구분하기 어렵다. 어떤 소리가 됐든 현관문 쪽에서 들려오면 수상하기 마련이다. 구독 기간이 한달이 넘어가면서부터는 제법 익숙해졌지만, 도시락이 오지 않는 주말을 지난 월요일에는 반드시 한번은 **웃** 하고 놀란다.

3단 일회용 플라스틱 도시락 전체를 싸고 있는 투명 포장지를 쭈욱 찢으며 메뉴 이름을 확인한다. 보통 간장, 매콤, 안동식, 숯불 등으로 시작되는 다섯 단어 정도의 나열이다. 나는 이제 외워둔 안무를 실행하듯 움직인다. 포장지에 적힌 전자레인지 조리 시간을 한번 더 확인하고 3단 도시락에서 맨 윗 칸을 분리해 내려놓는다. 맨 윗 칸은 추가 서비스로 신청한 샐러드이기 때문에 제일 먼저 분리하고, 전자레인지로 들어갈 다음 칸들, 그러니까 반찬 칸과 밥 칸을 분리한다. 규격과 규격이 만나 꼼꼼하게 계획된 질서와 순서를 따라 식사 시간의 막이 오른다. 하지만 오늘은 여기서 한번 안무가 삐그러진다.

반찬 칸을 분리해 테이블에 올려놓기 직전, 그림자 같은 것이 한발 먼저 테이블에 툭 떨어진다. 나는 잠시 섰다. 이 형식에서 처음 일어난 균열이었다. 그것은 아주 잠깐이었지만, 여러번 검증되고 실행된 기계적 절차를 예고 없이 비껴나가는 순간, 즉 아주 인간적인 순간이었다.

떨어진 그림자는 빈 반찬통이었다. 그러니까 이 도시락이 만들어지던 순간 얇게 조형된 플라스틱 반찬통이 평소와는 다르게 두개가 겹쳐 들어간 것이다. 샐·반·밥으로 구성된 삼단 도시락은 오늘 샐·반·반·밥이 되었다. 비록 두번째 반찬통은 비어 있었을지언정. 아마 환경 정도에만 안 좋을 에러였다. 그리고 그 에러를 통해 나는 처음으로 이 도시락이 보여준 인간성, 인간스러움에 웃는다.

어디까지를 기계가 하고 어디까지를 사람이 하고 있는지는 모른다. 정말 기계로 할 듯한 일을 일일이 사람이 하거나, 반드시 사람 손이 할 거라 생각한 일을 기계가 하는 것을 #음식공장 #대량생산 #몰아보기 유튜브 영상들에서 자주 보았다. 그러니 이 도시락이 만든 에러도 사람의 에러인지 기계의 에러인지 알 수 없다. 하지만 이 순간은 누구의 실수였을지라도 딱 플라스틱 도시락 두께만큼의 얇디얇은 균열이고, 으레 실수에 붙어 있는 각종 치사스런 비난들을 떨어낼 만한 가벼움이었기에 이것이 기계의 실수여도 혹은 기계를 관장하는 인간의 실수여도, 또 모조리 기계이고 오직 이것을 소비하는 나만이 인간일지라도, 오늘 나의 배달 도시락은 아주 인간적인 공간을 보여주었다. 그런 걸 집밥이라고 부를 수 있을지도 모른다.

하지만 며칠 후 볶은 양파 한자락이 뚜껑에 끼어 삐죽 나온 것을 보고는, 대기업이 통제해내지 못한 선을 넘은 인간미에 얼굴을 굳히고 말았다. 사람 냄새 같은 건 딱 한번으로 족했던 것이다.

현관 앞 전신 거울 옆
신발장 위

뭉크를 배치하다

뭉크에 대한 글이 책장에 자리를 잡기 시작한 것은 헐, 20년 전이다. 하지만 집에 뭉크가 들어온 것은 불과 일이년 전의 일이다. 주유소 앞 춤추는 인형같이 생긴 절규하는 뭉크 인형이 집에 온 것은 겨우 그 정도의 연식이다.

첫번째 책을 통해 내가 에드바르 뭉크에게 갖고 있는 정서를 알게 된 친구 하나가 뭉크 인형을 선물해주었다. 그는 오래전 어느 해외 미술관 뮤지엄숍에서 그

인형을 구매해 가지고 있었는데 내가 갖고 있는 게 더 어울릴 것 같아 주고 싶다고 했다. 그렇게 별안간 뭉크는 펼쳐야 종이에서 튀어나오는 인물이 아닌, 물리적 존재감이 있는 입체로서 우리 집에 속하게 되었다.

이 뭉크에 대해 말하자면 뭐랄까, 확실히 대중 타깃으로 나온 제품이라는 느낌이 강하다. 일단 누구나 알고 있는 뭉크의 자화상인 〈절규〉 속의 그 얼굴이 검은 마법사 같은 원피스를 입고 소리치듯 두 손을 입 근처에 올리고 있다. 대중적으로 꽤 귀엽다는 인상을 자아낼 만한 굿즈라 할 수 있었다. 물론 뭉크의 〈절규〉가 메아리를 기대하듯 손을 입 근처에 말아쥐고 소리치는 거라고 할 수는 없다고 나는 생각했다. 내가 본 뭉크의 〈절규〉는 머리와 뇌 전체를 쥐어뜯는 듯한, 혼자만 반복적으로 듣고 있는 내면의 절망이 머릿속을 가득 채워 하늘마저 붉게 짜개진, 그러나 어떤 소리도 나오지 않아 누구와도 소통할 수 없는 모습이었다.

하지만 이 뭉크는 어쨌든 우리 집에 왔고 집 안 곳곳을 누볐다. 인력 없이 움직이지 않는 풍선 조형물이 혼자 여기저기를 누빌 일은 없다. 다만 선물 받은 순간 어딘가 잘 놔둬야지 생각하고 정말로 잘 놔두었지만, 정신없이 흘러가는 일상 속에 뭉크가 집 어디에 있는지까지 챙길 수는 없는 노릇이었다. 이 모난 곳 없는 뭉크는 어딘가 중심이 흐트러져 있는 듯, 혹은 몸 전체에 중심이랄 것도 무게랄 것도 없기 때문인지, 어디에 올려두든 떨어지고 굴러다니기를 잘했다. 그러니까 내가 본 뭉크는 보통 어딘가에 떨어져 있었다. 쉴 틈 없던 지난 몇년간 뭉크는 내가 집에 머물러 있는 순간, 곳곳에서 떨어지고 주워지기를 반복했던 셈이다. 그래서 딱 여기가 자리라는 고정점 없이, 떨어진 곳에서 가장 가깝고 편리한 어딘가에 임시로 올려두어지고, 또 떨어지고, 또 그다음 순간의 내가 떨어진 그를, 그 순간에 가장 손이 잘 닿는 어딘가에 툭 올려두고, 하지만 그는 또 반드시 떨어지는, 그런 순간들이 있었다.

허리 수술을 한 지 한달째가 다 되어가는 지금에서야 나는 비로소 뭉크에게 정확한 자리를 주기로 마음먹었다. 긴 시간을 집에 머물게 되면서 나는 크게 크게집 정리를 시작했고, 뭉크에게도 마침내 고정된 좌표를 부여할 틈이 생긴 것이다. 제대로 공기가 차 있지도못해 푹신푹신한 뭉크를 손에 쥐고 잠시 자리에 앉았다. 육중한 철제 책장에 자리 잡은 뭉크의 화집과는 상반된 몰랑거리고 가벼운 존재감 때문이었을까. 이 인형은 분명 뭉크라서 의미 있었지만 동시에 너무 뭉크가 아니어서 그동안 집안을 유유히 떠돌아다닌 것이었다. 물론 끊임없이 공중에서 낙하하는 것이 그의 특성이라고 한다면 그것은 매우 뭉크적이었고, 그러므로나와 가까운 물건이라 할 수는 있었다.

어쨌든 현관일 것이다, 그리고 전신 거울 주변일 것이다, 라는 생각에는 확신이 있었다. 그 주변 여기저기에 올려놓아보기도 하고, 양면 테이프를 이용해 벽과 거울에 붙여보기도 했다. '~해보기도 했다'라는 말은 그가 그 와중에도 계속 떨어졌다는 말이다. 대단한 무게도 없는 주제에 이렇게까지 고정되지 않을 수도 있나. 문장으로 쓰고 보니 당연한 말 같기도 하고.

자리를 잡아주기로 결심한 뒤에도 며칠 동안 나는 뭉크의 자리를 잡는 데 실패했다. 자리를 잡아놓고 다른 일에 열중하다보면, 그 특유의 무게 없이 바닥에 부딪히는 톡 소리가 들려왔다. 물론 인형 자체가 테이프에 잘 붙는 재질이라고 할 순 없었지만 매번 강력한 양면 테이프로 고정을 하는데도 그랬다. 넘어지지 않도록 아예 눕혀놓아도 어느 틈엔가 꼭 이리저리 굴러다녀버려 자리를 잡아주기가 쉽지 않았다.

그러던 어느날 친구가 가구 배치를 바꿔주러 집에 왔다. 깨진 코코넛 화분에 붙어 있는 공중 식물을 본 친구는 원래 이렇게 어딘가에 붙어서 자라는 식물이냐고 물었다. 나는 의기양양하게 이런 건 "투.명.낚.싯.줄.로 하는 거야"라며 식물과 깨진 화분 조각을 눈에 띄지 않게 엮어놓은 매듭 부분을 보여주었다. 우쭐해진 나를 보며 친구는 조금 멋쩍게, "집에 투명 낚싯줄 같은 게 있어본 적이 없어서 말이지"라고 했다. 친구가 가고 난 후 나는 이 투명 낚싯줄을 언제 샀나 생각해봤지만 기억나지 않았다. 하지만 투명 낚싯줄이 집에 있는 것이 당연해진 건 내가 캔버스에 그림을 그리기 시작했을 때부터일 테니 이십년이 넘은 일이었다. 그리고 문득 나는 뭉크를 실로 걸어줄 생각을 하지 못했다는 사실을 깨달았다.

그렇게 뭉크는 우리 집 현관 근처 전신 거울 옆, 간이 신발장 모서리 끝에 마침내 자리를 잡게 되었다. 언뜻 보기에는 위태롭게 잘 서 있다 싶은 모양새지만 가까이 다가가면 뭉크의 목에 매인 투명 낚싯줄이 거울 틀에 타카로 박혀 있는 것을 볼 수 있다. 캔버스 틀에

낚싯줄을 고정하듯 말이다. 이제 뭉크는 그 어느 때보다 훨씬 더 뭉크다워졌다는 생각이 들었다. 뭉크는 낭떠러지에 서 있는 듯 신발장 모서리 끝에 자리를 잡고 내지르듯 몸을 앞으로 내밀고 있다. 그의 목에 투명 낚싯줄이 걸려 있지만 남들 눈엔 거의 보이지 않고 그다지 팽팽하지도 않다. 하지만 내가 현관을 오갈 때마다 치고 다니는, 흔들흔들한 간이 신발장이 조금이라도 툭 건드려지면 뭉크는 바로 투명 낚싯줄에 목을 매단 채 대롱대롱 공중에 매달리게 된다. 나는 이 설정이 아주 마음에 들었다. 나를 비춰보는 전신 거울 옆에서 그가 그러고 있다는 것도 좋았다.

나는 아주 만족한 상태로 거울 옆 뭉크를 바라보며 이 글을 쓰고 있다. 너무나 그에게도, 나에게도 어울리는 배치이다. 이보다 더 나은 배치나 자리는 절대 없다. 나는 입 가까이에 있던 뭉크의 손을 억지로 옮겨 얼굴 옆으로 가져다 놓는다. 이제야 좀더 뭉크스럽다. 애초에 바람이 충분히 들어가 있지 않아 얼굴 옆에 있어야 할 손이 조금 쭈그러져 입 가까이 왔나 싶기도 하다. 이제 나에게 이 풍선 인형 뭉크는 책장 속 뭉크 화집만큼의 무게감으로 다가온다. 그제서야 뭉크의 그림을 볼 때처럼, 잘 알지도 못하면서 그와 나를 동일시하기 시작한다. 느슨할지언정 항상 투명 낚싯줄을 목에 걸고 절벽 끝에 서 있는 삶에 대해 생각한다. 손쉽게 낙하해 팽팽해진 줄에 목이 매일 테지만, 타인의 손으로 건져 올려져 다시 낭떠러지 끝에 서는 삶에 대해 생각한다.

죽어야 값을 쳐준다는 미술가의 삶에 대해 생각한다. 죽고 나서 돈 벌 거란 얘기를 살아 있는 미술가 앞에서 상식처럼 말하는 이들에 대해 생각한다. 아마 그건 정말로 살아 있는 미술 상식일 것이다. 삶보다 죽음이 더 어울리는 업, 이 세상엔 그런 직업도 있는 것이다.

교복 안에서

바야흐로 춥지도 덥지도 않은, 춥기도 하고 덥기도 한 계절이 도래했다. 열 많은 부치°들은 이미 반바지를 꺼냈을 계절이며, 나 같은 애들은 햇빛만 보고 반소매를 입었다가 그늘에서 온몸을 떨게 될 계절인 것이다, 이때쯤이면.

° butch. 레즈비언의 일종이다.

*

중고등학교에 다닐 때는 교복을 입었다. 선생들과 어른들은 항상 교복은 정해진 대로 입어야 제일 예쁘다 말하곤 했다. 나는 그게 정말로 거짓말이라고 생각했다. 교복 남방 안에는 목폴라를 입어야 간지가 나고, 조끼도 단추를 다 풀고 걸치듯 입어야 세 보인다는 걸 본인들도 잘 알면서 애써 부인하려 한다고 생각했다. 교복에 단추와 구멍이 얼마나 많은데 그걸 입는 방법이 딱 하나가 정해져 있다는 건 애를 써도 믿기 어려웠다. 하지만 동시에 뭔 말을 하고 싶은 건진 잘 알고 있었다. 그런데 그렇게 딱딱 맞춰서 이 단추를 저 구멍에만 끼울 거라면 이 세상에 간지와 멋이랄지, 인간성 같은 건 존재 이유가 없어진다. 하지만 나는 좋은 대학에 가기 위해 인간으로 존재하길 포기했다. 교복 속을 살뜰히 채운 충전재로서 죽음 같은 10대를 살아냈다.

하지만 충전재로 사는 와중에도 자꾸 인간성과 멋과 간지를 나도 모르게 추구하고 싶어지곤 했다. 특히 한창 남방이나 티셔츠 앞부분을 바지나 치마 속에 넣고 뒤는 빼서 입는 패션이 유행일 때, 남방은 단추를 아래 몇 개만 잠그고 목둘레의 칼라 부분은 확 젖혀서 어깨에서 탈락할락 말락 하게, 벗듯이 걸쳐 입어주어야 제맛이던 시절에 그랬다. 하지만 그때 선생을 위시한 으른들은 곧잘 제안처럼 명령했다.

"넣을 거면 넣고, 뺄 거면 빼.
입을 거면 입고, 벗을 거면 벗어."

그러니까, 넣지만 뺄 수도, 입지만 벗을 수도 있다는 것을 그들은 몰랐다. 하지만 모르는 만큼 단호했고, 지금 자기들의 눈앞에서 당장 입을 건지 벗을 건지를 결정하고 그대로 실천하길 요구했다. 입지도 벗지도 않은 상태 자체를 견딜 수 없어 하는 듯했다.

시간이 흘러 나는 바뀌는 계절도 맛보고, 실내외의 기온 차이가 큰 계절도 여러번 지나왔다. 그리고 툭하면 한쪽 어깨에만 겉옷을 걸치는 겉멋 든 어른이 되었다. 혹은 재킷을 맨 아래 단추 하나만 잠근 채 어깨에서 탈락시키다 못해 팔뚝 아래까지 걸쳐 입고 다니는 호방한 어르신이 되었다. 여전히 가끔 이런 차림에 대해 말을 듣긴 한다. 그래도 이젠 적어도 친절 코팅이 입혀진 참견에 가까운 소리를 듣는다. 사람들은 옷을 벗고 싶은 거냐, 겉옷이 무거우면 들어주겠노라 말하곤 한다. 하지만 나는 딱 이만큼만 덥거나 추운 것이다. 나는 어느덧 쑥쑥 자라, 벗을 건지 입을 건지를 넘들 앞에서 당장 결정하지 않아도 되는, 비로소 사회에서 이 정도의 자유는 허락없이 누릴 수 있는 사람이 되었다. 이 사회에서 이만큼 늙어내지 못했다면 어림도 없는 일이었을 것이다.

오늘도 나는 입지도 벗지도 않은 듯 애매한 위치에 옷을 걸치고 곤란에 빠진 넘들을 구경한다. 그들은 뭐라도 해주지 못해 안절부절하지만 절대 넘들의 손이 닿는 걸 허락해주지 않을 것이다. 입혀주거나 벗겨주지 못해 움찔대는 그 시선과 손아귀를 나는 보고도 못 본 척 의기양양 걸어가는 것이다.

빵집의 폐점과
신메뉴 사이

관계가 열리고 닫힐 때

"추잡어, 추잡어. 뭐가 깔끔하게 되지가 않아."

장사를 접고 지방으로 내려가신다던 사장님은 아직
도 그 자리에 계셨고, 이사 얘기를 묻자 이렇게 대답하
셨다. 딱 정리하고 싹 내려가고, 이렇게 되지가 않고 야
금야금 쪼금쪼금 그렇게 짐을 옮기고 있다고.

갑자기 비가 쏟아져 버스정류장 근처 빵집에 들어가
커피를 주문하고 창가에 앉았다. 들어올 때는 미처 확

인하지 못한, 통창 밖의 안내 배너 두개를 자리에 앉아서야 확인한다. 한때 이 근방을 풍미한, 몇개의 지점까지 낸 빵집 앞에는 이달 말에 폐업을 한다는 안내문이 특유의 세련된 분위기를 해치지 않는 깔끔한 글씨체의 배너로 만들어져 서 있다. 어디까지나 외부를 향해 있기에 가게 안에서 보는 배너는 좌우가 반전되어 오른쪽에서 왼쪽으로 거슬러 올라가듯 '࣢ㄐㄴㅇ ㅁㅔㅊ'라고 읽힌다. 그리고 그 배너와 적당한 간격을 둔 평행한 위치에 '영업 개시'처럼 신나는 폰트로 쓴 '신메뉴 출시' 배너가 서 있다. 이 배너 역시 빵집 안에서는 오른쪽에서 왼쪽으로 낯설게 읽힌다. 빵집 통창 한가운데에 자리 잡은 나를 밖에서 본다면 나는 '폐점 안내'와 '신메뉴 출시' 사이에 갇힌 듯 앉아 있는 모양새가 된다.

*

관계 하나가 끝나고 있었다. 갑자기 너무 급속도로 가까워지고 있나 싶던 관계는 아주 너저분하게 너덜너덜 끝이 나고 있는 중이었다. 섣부른 기대와 미련을 덕지덕지 붙이지 않을 수만 있다면 현재 스코어를 지키며 최소한의 손상을 입는 정도로 관계를 마무리할 수 있을지도 모른다. 온라인에서 섬과 섬으로 만나는 관계가 아닐 바에야 현실의 관계는 또다른 관계들과 깊고도 얕게 이리저리 연결되어 있다. 그토록 연결되고 싶었던 순간들이 무색하게 이 관계를 중심으로 퍼져 있는 각종 연결들이 무척 원망스러워진다.

기대했고, 실망했고, 그 간극만큼 나는 낙하한다. 하지만 그렇다고 기대 하나 걸지 않고 관계 같은 걸 맺을 수는 없는 일이었다.

끊어낼 마음을 정하고 나면 주변의 연결고리 몇몇을

새롭게 마주쳐 독립된 연결을 제안하기도, 제안받기도 할 것이다. 이쪽 문은 닫지만, 벽이었던 저쪽을 문으로 만들어 새롭게 고쳐 열기도 한다. 수없이 반복될 이 일들로 인해 삶은 필연적으로 누더기가 될 것이다. 영롱한 색채의 수입 페인트로 매끈하게 마감되어 틈 없이 이음새가 딱 맞는 문 같은 건 써본 적이 없다. 모든 문은 언뜻 멀쩡해 보일지언정 저마다의 땜질과 덜그럭거림으로 구질구질하게 닫히고 열린다. 방충망 같은 문에 초록색 덕테이프를 붙이고 또 붙여 겨우겨우, 연약함을 겹치고 겹쳐 막는 문도 있고, 누가 봐도 틈 없이 꽈악 닫힌 스테인리스 철문이지만 사실 전기충격기 한번만 대면 삐리릭 경쾌하게 열려버릴 허위매물 같은 눈속임 문도 있다. 이번에 닫는 문은 어떤 자재를 써야 할까. 어떤 잠금이 어울릴까. 살다보면 다시 고치거나 보수할 일이 생길 수도 있고 문이 있었나 싶게 완전히 잊힐 구석이 될 수도 있다.

*

　며칠째 계속되는 비에 밖은 무척 습하고 이달 폐업을 앞둔 빵집 내부에서는 살을 베일 만큼 상쾌한 공기가 오돌토돌 살갗을 일으킨다. 이제 그만 일어나, 비에 젖어 자꾸만 종아리에 붙어오는 얇고 긴 여름 치마를 집게손으로 떼어내며 걷기로 한다. 그림 같은 여름은 그림 속에만 있다.

호텔 지하주차장에서

노동의 쉰내

지하주차장에서 건물로 들어가기 위해 엘리베이터 앞에 섰다. 1층 로비 버튼을 꾹 누르자 얼마 후 문이 열리고 익숙한 냄새가 온몸을 휘감았다. 기억을 싣고 들어온 냄새는 순식간에 몸의 내부를 과거로 채웠다. 하지만 이내 나는, 아무것도 아니다, 라고 되뇌며 로비를 가로질러 외부 정원으로 나왔다. 호텔 정원 벤치에 앉아 호텔을 마주 보았다. 편안했다. 언제나 앉으면 안 될 것 같은 벤치였는데 이토록 자연스럽게 앉아 있다.

몸으로 들어갔던 지하주차장은 항상 매연 냄새로 꽉 차 있었는데, 차로 들어가니 냄새 같은 건 전혀 나지 않았다. 지하치고는 쾌적한 것도 같았다. 그때 그건 매연 냄새가 아니었던 건가. 예정된 노동의 쉰내였을까.

*

8년이 지났다는 건 거짓말 같다. 나는 바로 어제까지도 호텔에서 일했던 것만 같다. 하지만 동시에 손님용 정원과 손님용 벤치에 앉는 데 거리낌이 없다. 호텔 이야기를 책으로 낸 것은 3년 전이지만, 꼭 30년은 지난 일처럼 느껴진다. 누구나 읽을 수 있는 책을 냈다는 이유만으로 나는 여태껏 헤테로 정상사회°에서 아무 이

° 헤테로(hetero sexual)란 남자인데도 불구하고 여자를, 여자인데도 불구하고 남자를 좋아하는 일, 성질, 지향, 버릇을 뜻한다. 따라서 헤테로 정상사회는 남자가 남자답고 여자가 여자다우며 반드시 남자는 여자와, 여자는 남자와 불가피하게 사랑하고 결혼하는 것만이 정상인 사회다.

력과 발자취가 없던 유치원생에서 갑자기 박사님, 교수님이 된 것 같다. 책을 두개나 세상에 내놨고, 어제와 그제엔 북토크를, 전시를, 방송을 했단 걸 알면서도 나는 어제와 그제까지 호텔에서 일하고 있었던 것만 같다. 하지만 결국 몇분 뒤면 아무렇지도 않게 손님용 엘리베이터를 타고 지하주차장에 내려가 당당히 주차된 내 차를 찾아 리모컨으로 삑 소리를 낼 것이다.

나는 호텔 정원에 앉아 기묘한 타임머신을 탄 듯 환상에 젖는다. 건물은 얄미울 정도로 그 자리에 그대로 우뚝 서 있고, 그때나 지금이나 나는 무척 흔들리는 듯하다. 8년 전의 모든 걸음에 흔들림이 있었다면 지금의 나는, 이제 어떤 걸음은 흔들리지 않지, 라고 생각하며 이 상황을 멋쩍어한다. 정원 벤치는 손님용이라고 배웠다. 그러나 지금 이 순간 양복을 입은 누군가가 와서, 여기서 쉬시면 안 돼요, 라고 주의를 줄 거라 생각하진 않는다. 그냥 여기는 인조잔디였구나, 벤치는 편안했구나, 제법 신경 쓴 조경이었구나 하는 한가한 생각을 하고 있다.

아르바이트를 그만둔 후에도 조식을 먹으러 들르고 싶다던 동료도 있었지만, 나는 그런 기분이 전혀 들지 않았다. 모든 순간이 괴롭기만 했던 것은 분명 아니었다. 하지만 만약 다시 새벽 다섯시 지하 2층 주차장 구석에 자리 잡은 휴게실에서 하루가 시작된다면, 나는 몸의 내부가 곧바로 매연 냄새로 채워질 거라고 생각한다.

친구의 전 남친이 이 호텔에 산다는 얘기를 들었을 때 놀랐던 이유는, 내 주변에 호텔에 사는 사람이 생겼단 사실이 생경했기 때문이다. 8년 전에도 아주 가끔 아는 얼굴들을 조식 뷔페에서 마주치긴 했지만 이상하게도 손님들과 내 주변 사람들을 겹쳐 생각해본 적은 거의 없었다. 어쨌든 그 순간에 나와 내 주변은 손님이기보다 그들을 맞이하고 시중 드는 쪽이라 생각했다.

나는 친구가 전 남친과 연락하는 사이라는 게 고마웠다. 내 작품 전시를 하고 있는 전시장의 주차비는 너무 비쌌고 멀지 않은 거리에 이 호텔이 있기 때문이었다. 친구의 전 남친은 고맙게도 24시간 주차권 두장을 우편함에 넣어놔주었다.

주차권을 넣자마자 주차비 사만천원이 눈앞에서 바로 0이 되었고, 나는 나도 모르게 하! 기분 좋은 탄식을 내뱉었다. 뭔가 아주 고소하고 달콤했다. 어떤 빚을 청산 받는 느낌, 넘들에게 기어코 벼르던 한방을 쥐어박아주는 느낌이 들었다.

지독히도 열리지 않던 지하 2층 주차장 유리문이 떠올랐다. 건물 내부를 떠도는 바람의 압력으로 인해 온 힘을 다해야 열리던 한겨울의 그 유리문. 내부를 송두리째 바꿔버릴 각오를 하고 온몸의 체중을 몽땅 실어야 겨우겨우 열려주던 바로 그 문. 내가 매일 내가 아니기 위해 열었던 그 문.

호텔에서

재일 조선인 작가 서경식을 알게 된 것은 겨우 미술 대학 졸업장을 받은 후, 내가 예술가인지 지망생인지를 매일 스스로 의심하고 있을 때의 일이었다. 미술 말고 다른 것은 생각해본 적도 없는 주제에 나는 미술과 관련된 모든 것에 적대감과 의구심을 숨길 수 없었다. 어떤 미술계 사람도 믿을 수 없었다. 그들이 하는 말은 뭐가 됐든 내 삶에서, 나의 예술에서 비껴가고 있었다. 아니, 그냥 그들 자체가 진짜 웃기지도 않다고 생각했다. 하지만 정확히 그 정도의 열기로, 나와 비껴가지 않을 누군가를 기대하고 실망하는 일을 멈출 수 없었다.

작가 서경식을 다시 알게 된 것은, 그러니까 상호적으로 그도 나를 알고 나도 그를 사람으로 인식하게 된 것은, 2015년경의 일이었다. 나는 조식 뷔페 입구에 서서 입장객을 한명 한명 확인하고 맞이하는 일을 하고 있었다. 그날도 업무를 시작하기 전 조식 신청객 명단을 보며 특이사항을 확인했다. 몇몇 악명 높은 투숙객들의 방 번호와 이름을 다시 한번 확인했고, 그들에게 어떤 꼬투리도 잡히지 않도록 마음을 단단히 먹기를 잊지 않았다. 어떤 요구, 어떤 말에도 반드시 웃을 것, 낮을 것, 무엇도 느끼지 않을 것. 그래서 그가 그의 아내와 함께 내 눈앞에 나타나 본인의 이름을 댔을 때, 나는 머리를 크게 한방 얻어맞은 듯한 충격을 느꼈다. 아무렇지 않게 지나쳤던, 그러니까 각종 이국적 이름들이 섞여 있던 투숙객 명단 속에서 그다지 눈에 띄지 않던 그 이름과 눈앞의 인물이 다이너마이트 뇌관의 선이 타들어가듯 빠르게 이어졌다. 눈앞의 그가 내가 오랜 시간 의지해왔던 글을 쓴 바로 그 사람이었다. 나는 온몸으로 횡설수설해대기 시작했다. 일단 "센세데쓰요네(선생님 맞으시죠)"라고 일본어로 말했다. 그것은 내 삶에서 철저하게 나뉘어 있던 두 세계가 어떤 설계나 구상도 없이 엉망진창으로 이어진 순간이었다.

나는 주 6일을 꽉 붙들어매고 있는 고된 노동에서 희로애락을 모두 소모하고 있었다. 그만큼 예술에서 소모해야 할 감각들은 닳아 없어지고 있었다. 그러니까 내 삶은, 예술가의 그것과 점점 더 멀어지고 있었다. 나는 영어를 잘하네, 웃는 상이네, 화장이 잘 먹었네 같은 말을 듣고 있었지, 내 작품의 의도가 어떻고 형식이, 매체가 어떻고 하는 얘기를 듣고 있지 못했다. 그런 내 앞에, 저자가 내 예술을 응원하고 있을 거라 내 멋대로 상정해버린 책, 『고뇌의 원근법』을 쓴 사람이 등장했다. 바로 지금, 내가 가장 예술가가 아닌 순간에. 그래서 그와의 만남은 아주 뒤틀린 시공간 속으로 들어가 버렸다. 그리고 그곳에서 갑자기 나는 인간이 되고 말았다. 나의 진심이 가장 하찮은 순간과 공간에서, 순식간에 나는 진심투성이로 벌거벗겨져 버렸다. 나는 웃지도 울지도 않았거나, 웃으며 울고 있었다. 나는 그 공간이 전제한 모든 것을 잊고 있었다. 손님과 사적인 대화를 하지 말 것, 한 손님에게만 집중하지 않을 것, 등등의 상식과도 같은 노동 규칙들을 모두 망각하고 있다는 사실조차 인지하지 못한 채, 그의 앞에서 피와 살을 가진 인간이, 예술가가 되고 말았다. "판데쓰 판데쓰(팬입니다 팬입니다)." 나는 계속 일본어를 했다. 마치 나의 가장 원시적인 언어만이 그에게 닿을 수 있을 것처럼, 일본에서 유치원을 다니던 시절 이후로 누구도 시키지 않은 그 언어를 나는 사력을 다해 긁어 꺼내고 있었다. 그와 그의 아내가, 한국말 해도 돼요, 라고 말하기 전까지 내 모든 의식과 무의식의 바닥을 그러모아 일본어를 하고 있다는 의식조차 못한 채 주절대고 있었다. 나는 그에게 감히 나를 예술가로 소개했다. 가장 조식 뷔페스러운 복장과 공간에서 말이다. 너무 오랜만에 발음해보는 단어라 일본어로 '아띠스또(아티스트)'를 발음하는 입 주변 근육이 굳어 있다고 느꼈다. 이 세상에 당신 같은 글을 쓰는 사람이 있다는 게 나에게 어떤 의미였는지 통째로, 빨리, 당장 전하고 싶었다. 삶과 현실이 답해주지 않는 것들, 주어진 언어로 설명할 수 없는 이 생의 끝없는 균열과 이물감, 생에 없는 온기를 예술에서 찾는 삶에 대해 이야기 나누고 싶었다. 그가 예술에서 나와 같은 것을 찾아 헤맨다고 내 멋대로 생각했기 때문이었다. 당신의 글이, 당신이 말하는 미술이, 또 당신이 탐구했던 끔찍한 역사의 흔적들과 트라우마가 나를 얼마나 지탱하고 살렸는지를 분절되고 부족한 음절들을 이어 전하려 애쓰고 있었다.

그를 만난 순간 일본어가 나온 건 왜일까. 그에게 다가갈 첫번째 언어로 내 의식은 왜 일본어를 택했을까. 아마도 연결되고 싶었다. 가장 안쪽에 있는 언어로 말이다. 일본어는 내 삶의 첫 소리 기억이었다.

나는 예술가라는 소개가 거짓말인 것처럼 살고 있었다. 하지만 그는 내가 예술가라는 걸 믿어주었다. 그리고 그날 저녁 서울의 한 대안공간에서 열리는 강연에 나를 초대해주었다. 8년 후 그를 다시 만났을 때, 그는 그때 나를 강연에 초대한 일은 기억나지 않는다고 했다. 하지만 나는 거기서 그와 찍은 사진을 그후로도 정말 여러번 들여다보았기 때문에 절대로 잊을 수 없었다.

나는 서경식이라면 나를 비평할 수 있을지 모른다고 생각했다. 그가 나의 예술을 보고 꺼낼 말들이 궁금했다. 그리고 미리 긴장하고 있기도 했다. 내 삶과 주변을 돌아봤을 때, 어떤 형태로든 중노년 남성을 신뢰하는 것은 어리석은 일이었다. 그들은 보여주지 않아도 될 부분을 결국 보여주길 즐기는 집단이었다. 이 사람은 좀 다른가, 하는 생각이 떠오른 순간 전속력으로 똑같은 행태를 보여주는 이들이 너무도 많았다. 그래서 나는 그와 그의 글을 좋아하면서도, 마구 좋아하지 않기 위해 애썼다. 그런 건 순진한 이들이나 하는 짓이라고 생각했다. 하지만 순진하게 살고 싶은 마음을 쉽게 접을 순 없었기에, 나는 그와 관련된 것을 마주할 때마다 적당한 정도로만 흔들리려 했다.

그래서 2023년 겨울, 출판사를 통해 전해진 그의 제안으로, 마침내 그를 조식 뷔페가 아닌 공간에서 예술가 이반지하로서 마주하게 되었을 때에도 나는 세월을 가로지른 반가움과 감격 사이사이에 책갈피를 끼워넣듯 한번씩 마음이 멈출 수 있도록 했다. 내 삶에 어른, 선생, 스승, 그런 게 있을 리 없었다. 하지만 곧 그 책갈피와 긴장과 방어막은 그 효용을 알아보기도 전에 모두 사라져버렸다. 왜냐면 그가 죽었기 때문이었다. 죽음은 그런 것이었다. 죽으면 끝이다, 라고 나는 자주 말하곤 했다. 그리고 몇달이 지난 지금도 나는 그 죽음을 인정하지 않으려 하고 있다.

내가 서경식을 애도할 수 있을까. 나는 그에 관해서는 미래만 생각했다. 언젠가는 그와 만나, 언젠가는 그와 같이, 언젠가는 그와 함께 그것을, 그 이야기를, 그런 것들만 생각하고 있었기 때문에 애도 같은 것은 어렴풋한 계획으로도 갖고 있지 않았다. 나는 계속해서 상주 역할을 거부하고 부인한 채 살아가고 있는 셈이다. 세상에 일어나는 죽음 각각의 공식 상주는 항상 따로 있겠지만, 나에게 벌어진 죽음을 주관하고 처리할 상주는 오직 나 자신뿐이다. 나는 내 머릿속 죽은 사람 폴더에 그를 넣지 않고 있는 중이다. 거부하고 있다. 언젠가는 그의 이름을 위시한 그의 데이터를 가볍게 클릭 드래그하여 폴더에 넣어야 할 날이 오겠지만, 혹은 나도 모르게 그를 넣은 폴더를 갖고 살아가는 날들이

와버릴지 모르지만, 지금은 그 일을 할 수 없다. 그의 없음을 그렇게 처리할 순 없다. 상주 짓을 미루면 그가 그만큼 살아 있기라도 할 것처럼, 나는 그렇게 지내고 있다.

그를 애도하는 흔적이 보이면 샅샅이 읽어내려가지만, 동시에 그 사실을 흡수하려 하진 않는다. 나는 그를 애도해낼 수 있을까. 누구도 재촉하지 않았다. 하지만 벌어진 일을 모른 척하지 않기 위해, 마치 아무 일도 없었던 척 살아가는 삶의 방식을 거부하기 위해 살아온 날들이 있었다, 나에게는. 그래서 나는 조만간 이 죽음을 감각해내야 한다는 것을 잘 알고 있다.

*

요즘의 에너지는 아주 빨리 닳는다. 살아 있는 채로 죽음을 인식하는 일이 쉬웠던 적은 없다. 하지만 이번엔 내가 기대를 하고 있었던 게 문제였다. 그가 존경할 수 있는 인물이길 기대하고 있었다. 그 기대가 이미 존경이라는 걸 알아채지 못하고 있었다. 그런 기대는 쉽사리 무너져왔으므로, 그에게 온 마음을 담은 존경을 줄 수는 없었다. 하지만 동시에 나의 내부는 그렇게 마음을 다하는 존경을 하고 싶은 욕망으로 드글드글 했다. 하지만 그는 죽어버렸다, 그가 정말로 존경할 만한 인물인지를 내가 재어보고 심판해보기도 전에. 그를 조금씩 더 알아가고, 조목조목 싫어하거나 결을 나눠 경멸할 기회를 갖지 못한 채, 더이상 여지없는 경계를 넘어간 이를 존경해버리는 손쉬운 짓을 목전에 둔 상황을 맞이했다. 그것이 몹시 억울하다. 왜 그에게 좀더 치사하게 굴 기회를 부여받지 못했나. 하나씩 재가면서, 골목골목 확인해가면서, 설마 돌다리겠어, 하고 의심의 의심을 반복하는 그런 치사한 존경을 나는 그와 나 사이에 두고 싶었던 것이다. 언제든 그럼 그렇지, 하

면서 한겹의 마음도 주지 않은 척 돌아서는 더럽게 치

사한 존경. 씨발, 왜 그걸 못하게 된 것인가.

큰 병원에서

이렇게
오래 살아 있는 것은
예정에 없던 일이다

그러니까 이렇게 오래 살아 있는 것은 **존나** 예정에 없던 일이었다.

*

걸음걸음 울면서 조금이라도 빨리 집에 도착해 걸음을 멈추고 싶었다. 나를 부축한다며 친구가 급히 내 팔을 잡은 순간, 으악― 소리를 지르며 그를 밀어내고자 하는 마음을 얼마 남지 않은 사회성으로 막아냈다. 지금 내 몸에는 전기가 흐르고 있다. 누가 몸에 손을 살짝 갖다대는 것만으로도 그 전류의 세기는 몇백만 볼트로 치솟는 것 같다. 고통을 견디는 데 에너지를 몽땅 쓰고 있었기 때문에, 제발 놔주겠니, 지금 이게 왜 싫냐면, 같은 한가한 말을 건넬 기력도 없었다. 그래서 나는 평소 같았으면 3분도 안 걸려 주파할 얕은 언덕을 친구의 부축을 받으며 찍소리 않고 꾸역꾸역 올랐다. 그간 미처 다 하지 못했던 자위와 섹스를 슬퍼했다. 남은 인생 동안 이 육체에 쾌 같은 게 있을 수 있을까.

*

마침내 걸을 수 없단 걸 깨달았을 때, 허벅지가 뒤틀려 쪼개지는 듯한 고통 속에 제일 먼저 했던 생각은 서둘러 죽어야 한다는 것이었다. 이것은 단순한 비관이

나 파국적 전망 같은 것이 아니라, 차곡차곡 다가올 미래를 두고 펼쳐질 연식 쌓인 가난과 신체 노화에 대한 시뮬레이션을 빠르게 돌려본 후 도출된, 아주 상식적이고 이성적인 결론이었다. 몇십년을 부정교합에 시달린 앞니는 애초부터 흔들리고 있었고, 자궁 혹마저 하루가 다르게 부지런히 세를 늘리고 있었기에 대단한 목돈이 생긴다한들 우선순위를 정할 수 없다. 이런 상황에 허리 디스크가 온 것이다. 상하체를 지지하고 연결하는 곳에 문제가 생긴다, 눌린 신경다발을 따라 오른다리 전체를 타고 올라오는 극심한 통증이 일상을 압도한다, 이대로 누군가의 도움 없이 먹고 자고 싸고를 할 수 없다, 당신의 결정은.

몸은 대체로 신비하다. 생후 1일부터 쌓이고 쌓인 빚이 어느날 갑자기 꽝 하고 터진다. 득달같이 값을 받으러 온다. 애초에 빚이 생긴 이유를 따져보면 내가 먹었던 것, 입었던 것, 움직였던 것, 생겨 먹은 것. 매일같이 죽도록 일을 하고도 월급날이 되면 그때 니가 한 네일, 미용실 드라이, 드레스 값을 쭉쭉 뺀 나머지를 받고 황망했더라는 어느 성매매 여성의 수기가 뇌리에 스친다. 비슷한 내용으로 구성된 은퇴한 걸그룹 멤버의 인터뷰도 귓가에 맴돈다. 이 몸을 적극 사용해야 쥐꼬리만한 돈이 벌리는 구조 속에서 몸뚱이를 유지하는 데만 이 정도 비용이 든다면 이 설계는 어디부터 잘못된 것인가. 태어나고 싶었던 적 없다고 어제도 내가 말했던가.

종아리가 시었다. 정확히 신맛이 나고 있었다. 누군가가 계속 종아리뼈를 망치질하고 있었다. 내려다본 종아리에는 날파리 하나 붙어 있지 않다. 하지만 다리는 분명 쪼개지고 있었다. 종아리에는 전기가 쾅쾅 오르고 허벅지는 세로로, 가로로, 아니 동서남북으로 쪼개지고 있다. 하지만 아니다. 이것은 사실이 아니다. 너무나 고요하다. 피부 표면은 너무도 평화롭다. 몇십년 동안 봐온 모습 그대로 색깔 하나 변하지 않았다.

오늘 새벽엔 칼에 찔린 듯한 감각에 잠에서 깨어 어둠 속을 기어가 진통제를 털어 먹었다. 그런데 아니었다. 칼에 찔리지도 망치에 때려 맞지도 않았다. 분명 허벅지가 뒤틀리고 있었는데 눈을 뜨면 언제나의 모양 그대로 멀끔했다. 나의 감각만이 지독하게 소리치고 있다. 이 소리는 누구도 들을 수 없다. 오직 내 귀청에만 찢어질 듯 전달된다. 그래서 나는 머리를, 귀를, 조일 듯이 움켜잡는다. 나는 뭉크의 짜개진 붉은 하늘 밑에 있다.

*

"척추내시경센터요? 여기서 끝까지 쭉— 가셔서 오른쪽으로 쭉— 끝까지 가시면 있어요."

언제부터 '쭉—'이라던지 '끝까지' 같은 말에 억장

이 무너지기 시작했던가.

한달. 딱 한달이었다.

3주 동안은 그래도 큰 병원 갈 정도는 아니지 생각
했고, 마지막 일주일은 큰 병원 진료를 예약하고 대기
할 힘이 더이상 남아 있지 않았다. 하지만 주말 사이에
통증이 더 심해진다면 더욱 속수무책으로 고립될 것이
었다. 그래서 나는 결국 금요일 늦은 오후에 큰 병원에
갈 택시를 잡았다.

병원에 도착한다고 한들 통증은 여전했기 때문에 접
수를 하고 진료실까지 가는 길은 무척 아득했다. 큰 병
원은 세로로도 가로로도 컸다. 긴 복도가 끝나면 다음
기―인 복도가 나오고 그다음 기-인-기-인 복도를 돌
아 마지막 힘을 다하면 화장실이었던 오른쪽 벽이 마
무리되면서, 보이지 않았던 네모 공간이 쫙 펼쳐졌다.
한참 강의 중인 강의실 문을 벌컥 열고 들어선 것처럼

모든 눈이, 대략 한 100개의 반쯤 감긴 짓무른 눈들이 일시에 나를 본다. 마침내 '척추내시경센터'라는 팻말이 대롱대롱 천장에 달려 있는 것이 보인다.

투명 플라스틱 수납함에 진료 예약 용지를 꽂고 뒤를 돌아보자 갖가지 중노년들이 사열종대로 앉아 있다. 그 틈바구니에서 빈 자리를 찾아 앉는다. 맨 뒷줄 구석 자리를 잡는 데 성공한다. 진료실 옆 작은 화면에는 예약자 이름의 가운데 글자가 뺑 뚫린 채 줄줄이 떠 있다. 내 이름은 몇번이나 화면이 넘어가도 나오지 않는다. 극심한 통증을 느끼며 불편한 의자에 욱여 앉아 낯선 뒤통수들을 보며 기다림을 이어간다. 잘게 말아진 빠글빠글한 펌, 흰머리마저 듬성듬성한 기름진 두피, 무척 못생긴 꽃이 달린 보라색 뜨개모자, 지나치게 균일한 검정색 머리칼 같은, 유튜브에서 거의 보지 못했던 뒤통수들이 여기에 모여 있다. 속하고 싶지 않다. 하지만 더이상 움직일 힘이 남아 있지 않다. 나를 젊은

축이라 할지 늙은 축이라 해야 할지 더이상 알 수 없어

진다.

의사는 엠알아이(MRI)라 말했고, 나는 50만원이라

들었다. 바로 하얗게 질렸다.

　"실비 있어?"

　"아니."

　"다른 보험은?"

　"장난 까냐?"

친구의 살가운 문자 메시지에 터져나온 실소가 오늘

지은 첫 웃음이었다.

50만원짜리 흑백 사진을 본 의사는

"이건 사람이 견딜 수 있는 고통이 아닙니다. 당장—!"

그 말 한마디가 너무 고마워서 나는 정신병자처럼 웃었다. '설마 그 정도는 아닐거야—' 하는 행복회로 속에 스스로의 고통도 믿지 않으려 했던 4주의 시간, 그리고 마침내 진정한 나를 알아봐준 단 한 사람. 당장 수술을 해준단 것도, 집에 들러 입원 준비를 해오라는 말도 너무 고맙고 고마워 수술비를 깎아달란 말은 하지 못했다.

비록 이 큰 병원은 내가 벌어본 적도 없는 크은 돈을 내라고 하긴 했지만 그냥 저는 모든 게 다 너무 크게 고마워서 말이죠. 다만 정신병을 갖기 전 육체에 보험을 들어놓는 명민함을 갖추지 못해 송구합니다. 그 정도의 상식과 약삭빠름도 없이 잘살아보려 했다는 게 면목 없습니다. 정신병을 생애주기에 맞춰 알뜰하게 앓지 못했습니다.

*

　병원에서 잡은 택시가 합정역 사거리 빨간불에 멈춰
섰다. 앞차와 간격을 넉넉히 두는 타입의 택시기사였
다. 그때 느닷없이 옆 차선에 서 있던 차 문이 열리면서
사람 하나가 튀어나와 도로에, 차와 차 사이에 주저앉
았다. 젊은 민머리 남성이었다. 목까지 단단하게 여민
검은 패딩과 대비되는 그 민머리 살갗이 눈에 띄었다.
도로는 비에 젖은데다 물웅덩이도 여기저기 있었으나
그는 개의치 않고 바닥에 주저앉아 의미를 알 수 없는
말로 울부짖기 시작했다. 두 글자로는 아마 '땡깡'이라
할 수 있었다. 그 차의 운전석에서 비슷한 체구의 장발
남성이 날 듯이 뛰어나와 주저앉은 민머리 남성의 팔
을 잡고 그를 일으키려 애썼다. 아주 순식간에 벌어진

일이었다. 연인, 친한 형 동생, 물보다 진할 혈육, 무엇이라 해도 들어맞을 2인조였다. 앞차와의 넉넉한 간격, 민머리 남성의 울부짖음, 그를 거칠게 달래 차에 도로 밀어넣으려는 장발 남성, 하지만 민머리의 패딩은 이미 드라이클리닝을 피할 수 없을…….

이미 택시기사는 구경 났다는 얼굴로 손님인 나와 차 앞에 펼쳐진 광경을 번갈아 보며, 예상치 못한 사건을 가뭄에 단비마냥 반갑게 목도하고 있었다. 이런 게 택시 모는 맛이라는 느낌으로 하 참, 하 참, 하는 소리를 내며 기분 좋게 입맛을 다셨다. 일단 나는 오른 허벅지와 종아리가 뒤틀리는 고통 속에 있었기에 나를 돌아보는 택시기사의 눈빛에 화답하기보다 눈앞의 광경을 놓치지 않는 일에 집중했다. 두 남성의 실랑이는 그리 오래가지 않았다. 빨간불이 파랗게 바뀌고 뒷차들이 빵빵거리기 시작하자 생각보다 싱겁게 민머리는 장발의 손에 못 이기는 척 몸을 맡겼고, 민을 차안에 잘 실어 넣은 장은 즉각적으로 무려 세개의 차선을 칼치기로 가로지르며 인상적이었던 등장만큼 무법한 스타일로 사거리를 빠져나갔다. 곧바로 시야에서도 멀어졌다.

그리고 지금 나는 집에 돌아와 민머리에 대해 생각하고 있다. 분명 성인이 된 지 오래일 그는 분명 내일도 입어야 할 패딩의 세탁 문제나 차가 빼곡한 도로라는 환경에 굴하지 않고 모두의 일상에 신선하고 거창한 어깃장을 놓았다. 분명 누구에게나 지탄받을 위험천만한 짓거리였고 되지도 않는 생떼였으나 나는 그런 그가 부러워진다. 내가 결국 이 삶에, 세상에 부리고 싶은 것은 그런 어깃장과 생떼이기 때문이다. 논리, 설득, 절차 이런 것이 아닌, 그냥 나를 건드리면 피곤할 테니 주변이 알아서 굽히고 내 말을 들어주고야 마는 그런 어깃장을 나는 하루에도 몇번씩 부리고 싶어진다. 어깃장의 대상은 비단 사회에 국한되지 않는다. 끝없이 저려오는 오른다리에도, "쉬펄, 내가 걷겠다는데!"라고 소리치고 싶다.

나는 한번도 켜지 못할 노트북과 조금의 손상도 없이 그대로 들고 돌아올 얇은 책 두권, 목숨과도 같을 노이즈 캔슬링 이어폰과 헤드폰을 배낭에 챙겨 넣는다. 오른다리를 질질 끌며 냉장고와 식물 생장용 조명을 제외한 집안의 전기 코드를 모조리 뽑아버린다.

*

누운 채로 침대째 수술실에 들어서자 눈물이 흘러나와 귓구멍에 고이기 시작했다. 친구가, 잘 갔다 와, 라고 말해주었는데 답을 하기도 전에 수술실 문이 닫혔다. 친구가 잡아줬던 손의 부드러운 압력이 아직 손바닥에 남아 있다. 나는 집에 있는 그림들 생각을 했다. 아직 제대로 보여주지 못했는데. 아직 세상에 보여주지 못한 작품들이 너무 많이 있는데. 이대로 죽는 건 괜

찾았지만 인사를 못했다는 사실이 마음에 걸렸다. 나를 받아준 사람들과 작품들에게 제대로 인사를 하고 오지 못했다. 의외로 죽는 것 자체는 대수롭지 않게 느껴졌다. 물론 살기 위해 이곳까지 왔지만 죽음을 떠올리지 않기엔 어색한 공간이었다.

입을 꾹 다물고 계속 눈물로 귀를 적시고 있자 의사들 몇몇이 번갈아 다가와 무섭냐고, 걱정이 돼서 우는 거냐고 물었다. 나는 일일이 말하기가 귀찮아 고개를 끄덕였다. 두세번의 끄덕임 사이에 다른 의사의 목소리가 끼어들어왔다.

"간짜장 곱배기 하고요, 짬뽕 두개요. 네, 지하 2층이요. 수술실이요."

수술실 천장을 보며 프리다 칼로 생각을 했다. 항상 싫어했다. 프리다 칼로를 숭앙하는 새끼들은 더 싫었다. 위대한 여성 작가 어쩌구, 삶의 고통과 역경과 극복이 어쩌구, 잘도 떠드시네, 라고 생각했다. 민족, 친족, 육신에 얽힌 온갖 고통들이 뷔페처럼 차려진 그 색색의 면과 선을 좋아하다니. 왜, 존나 니 인생이랑 분리할 수 있어서, 왜, 그건 그냥 그림이니까, 넌 보는 사람이고 그린 사람은 따로 있으니까. 작가가 고생하는 거 존나 좋아하는 당신, 관객 여러분, 씹새끼들이여…. 지금 이 순간 눈앞에 프리다 칼로의 자화상 하나가 떠오른다. 특유의 결연한 얼굴 밑으로 척추가 있어야 할 자리에 쇠꼬챙이 같은 기둥이 서 있고, 양옆으로 갈라져 벌어지려는 몸뚱이를 붕대 같은 코르셋이 지지하고 있는 그 끔찍한 그림(〈부러진 기둥〉, 1944). 역시 프리다 칼로는 너무 아프다. 앞으로도 절대 좋아할 수 없을 것이다. 고통은 이미 현실에도 너무 차고 넘친다. 귓구멍에 고인 눈물이 차갑게 식으며 온몸이 부르르 떨린다.

"환자분, 이제 하반신 마취할 거고요. 재워드릴
겁니다."

잠시 후 거짓말처럼 하반신이 사라졌다. 고통이 사
라지자 생의 기운이 급격히 용솟음쳤다. 혹 다시는 아
랫도리를 감각할 수 없는 게 아닐까 하는 공포보다 고
통에서 해방된 기쁨이 너무나 강렬해 마법 같은 현대
의학을 향해 입이 헤 벌어졌다. 의사들 몇몇의 도움을
받아 하나 둘 셋 몸을 뒤집은 것을 마지막으로 나는 수
술되었다.

입원 병동에서

존나 빨리 온 미래

척추병원 환자 병동에 들어서자 세상은 온통 내가 되고 싶지 않았던 것으로 채워졌다. 여기저기서 끊임 없이 어구구구구구 소리를 번갈아내며 병실을 채운 이들과 링거를 끌고 즈억즈억 다니는, 복도에서 마주치는 이들 하나하나가 내가 결코 되고 싶지 않던 미래를 여봐란 듯이 실감 나게 구현하고 있었다. 놀랍게도 이곳에 속한 환자, 간호사, 간병인, 방문객 모두가 비슷한 얼굴을 하고 있다. 그리고 모두가 서류상의 연식과 무관하게 늙수그레한 기운을 풍기고 있다. 아무것도 없는 공터에서 한겨울 바람을 정면으로 무수히 때려맞다가 갑자기 실내로 들어온 사람의 얼굴을 하고 있었다.

하지만 그런 얼굴들이 눈에 들어온 것도 수술을 마치고 돌아온 다음날부터였다. 수술 전 나의 세상은 오른다리밖에 없었다. 이외의 것들은 모두 나를 거스르고 짜증스럽게 하는 추상적 뭉치와 덩이덩이일 뿐이었다. 이제는 그 덩어리들이 해체되어 구체적인 형상 정도는 갖게 된 것이다.

늦은 오후가 되어서야 수술을 마치고 병실로 돌아왔다. 떠날 때처럼 침대와 한몸이 되어 통째로 돌아왔다. 다음날로 이어지는 새벽 한복판쯤에서야 마취가 풀리며 눈을 떴고, 동시에 눈물이 왈칵 쏟아졌다. 내 침상에 둘러쳐져 있는 넓은 체크무늬 커튼 밖으로 울음소리가 새어나가지 않도록 몇번씩 숨을 참아가며 한참 동안 눈물 줄기가 끝없이 흐르는 것을 느꼈다. 분명 수술이 끝났는데 오른다리의 통증은 조금도 경감되지 않았던 것이다. 벌지 못할 돈을 들여 수술을 했는데 아무것도 달라지지 않았다. 막막하고 아득하게 무너지는 삶이 결대로 만져지는 듯했다. 인간이 견딜 수 없다던 그 통증은 어디로도 도망가주지 않고 그 자리에 그대로 머물러 있었다. 어떻게, 앞으로, 이런 단어들을 떠올리며 귓구멍에 고이다 베개로 흘러 들어가는 눈물이 얼음장처럼 차갑게 쌓여가는 것을 느꼈다.

겨우 큰 파도의 울음을 진정시키고 간이침대에서 자고 있던 친구를 깨웠다. 친구가 간호사를 불러왔다. 나는 최대한 제정신인 목소리를 내고자 노력하며, 수술을 했는데도 똑같이 아파요, 라고 나지막히 말했다. 간호사는 내 손과 연결된 도넛 모양 플라스틱을 가리키며 진통제 버튼을 눌러도 아프냐고 물었다. 그 도넛의 정체는 내가 수술비와 함께 결제한 무통주사였다. 그러고 보니 아까 꿈에서 비슷한 유니폼을 입은 사람이 무통주사 얘길 해준 것도 같았다.

간호사는 물리적인 수술로 원인이 제거된 후라도 신경의 기억이 남아 있어 통증이 한동안 지속될 수 있다고 했다. 즉, 이 고통은 실재하는 것이 아니라 감각의 기억이 습관처럼 통증 신호를 보내고 있는 거라는 말이었다. 디스크가 많이 터져 있긴 했지만 수술은 잘 됐다, 다만 워낙 심했기 때문에 통증은 여전히 남아 있을 수 있어 무통주사와 진통제를 지급했다는 설명이 이어졌다. 나는 그제서야 눈물을 닦고 무통주사 버튼을 존나 세게 눌렀다. 놀라 일어났던 친구도 끊어진 잠을 이으러 다시 맨바닥에 가까운 간이침대에 몸을 뉘었다.

*

인간 몸 성분의 몇 퍼센트가 물이라더라. 정확한 숫자가 기억나진 않는다. 분명 꽤 높은 비율이었다. 하지만 내가 이곳 척추병원 환자 병동에서 임상적으로 체험한 바에 의하면 인간 몸의 90퍼센트는 트림과 방귀로 이루어져 있다. 그렇지 않고서야 이렇게 자주 크고 다채로운 소리가 계속될 리 없다. 환자라는 입장이 여러 의미에서 실례를 용인받을 수 있기 때문일까. 이곳 사람들은 들숨에 방귀를, 날숨에 트림을 텄다. 그 흔한 소리의 향연에 매번 일일이 반응하는 것이 더 촌스럽게 느껴질 만큼, 소리들은 쉼 없이 돌아가는 난방기 소음 정도의 자연스러운 배경음이 되어주고 있었다.

소리는 그뿐만이 아니었다. 빈틈없이 닫아놓은 얇디얇은 프라이버시 커튼 장막 속 침상에서 나는 이 세상의 모든 휴대폰 벨 소리를 듣는다. 휴대폰에 진동 기능이 있는 사람은 나뿐인 것 같았다. 그리고 하루에도 셀수 없이 여러번, 그 벨소리를 알람 삼아 6인 병동 환자 각각의 인생 역정 드라마가 방송, 재방송, 재재방송 되었다.

"어, 상혁이냐. 할머니 수술했잖아. 아니 내가 증말 이럴 줄 몰랐는데 엊그저께부텀 세상에. 근데 밖에 엄청 춥다며? 여기는—"

들었던 얘기다. 듣고 있는 얘기다. 들을 얘기이다. 곧 더빙도 가능하다.

"사람들이 참 이기적이야. 자기 생각만 하고."

아무도 시키지 않았지만 병실 바닥 쓰레기를 주우며, 옆 침대 환자의 남편이 중얼거렸다. 믿을 수 없이 큰 볼륨으로.

"내가 진짜 이번에도 그러다 터진다, 터진다 했그든?"

환자인 그의 아내는 검사를 받으러 갔다. 그는 혼자다. 저것은 혼잣말이다. 그냥 좀 큰 혼잣말일 뿐이다.

그리고 이 혼잣말은 트렌드가 된다.

"헬스장에서 너어무 나를 부러워했어. 이 나이에 이만큼 무게 치는 사람이 없었어. 다들 '언니처럼 늙을 거야, 꼭 언니처럼 늙을 거야' 소리를 했다고, 딱 일주일 전만 하더라도. 나는 꿈에도 생각 못 했어. 내가 이르케 되리라고는. 몸이 무거워지고부텀 이러더라고. 오십삼,사에서 왔다갔다 하다가 육십일 킬로가 되니까 이게 딱 오는 거야. 여자는 체중을 늘리면 절,대로 안 돼."

그녀도 혼자다. 저것은 혼잣말이다. 혹시 아닐까. 나는 화장실에 가다 그녀와 눈이 마주친다.

"근데 언니야, 나랑 의사 선생님 같은 것 같은데,
왜 언니는 안 아파?"

나는 씁쓸하게 웃고, 다음부턴 꼭 바닥을 보며 화장
실에 가기로 한다.

링거를 끌며 친구까지 대동하여 다녀오는 화장실
은 비천한 마을 곳곳을 친히 둘러보러 시종을 거느리
고 행차하는 나랏님 같은 거창함이 있었다. 제일 먼저
화장실에 다녀올 것을 친구에게 구두로 고지한 후, 침
대에서 다리만 착 내린 상태에서 허리 보조대를 두른
다. 수술 직전 고통이 최고치일 때 의료기기 회사 직원
이 신음하는 내 몸을 요리조리 얄밉게 재어가 허리 보
조대를 만들어다주었다. 말하자면 맞춤 양복 같은 것
이었다. 프리다 칼로의 코르셋을 떠올리지 않으려 했
지만 그것과 너무 흡사한 원리와 모양새를 하고 있다.

에누리 없이 꽈악 조여준 후 조심스럽게 한발씩 바닥을 딛고 슬리퍼를 신는다. 주사가 빠지지 않도록 링거와 적당한 거리를 유지하며 슬슬 밀어낸다. 천천히 한걸음 한걸음 떼어간다. 이 모든 과정 중에 있을 수 있는 비틀거림과 휘청거림을 친구는 대비한다. 벌써부터 나는 바지를 내리고 올릴 생각에 한숨이 난다. 바지를 벗고 입을 때 허리가 쓰인다는 걸 예전엔 미처 알지 못했다. 애석하게도 바지를 내리고 올려줄 시종은 마련되어 있지 않았다.

링거와 친구를 대동하여 대단하게 화장실에 다녀오자 병실에 의사가 와 있었다. 쓰레기 줍기에 열중하는 남편을 둔 환자분이 수술 전 검사를 마치고 다시 병실로 돌아온 모양이었다. 나는 누구와도 대화를 시작하지 않기 위해 땅을 보며 내 침대 자리를 찾아 천천히 기어올라갔다.

의사가 옆자리 환자에게 말했다.

"엄마, 걱정 마. 어쨌든 오늘 **끝장**을 볼 거니까. 알았지?"

의사는 환자의 아들이 아니다.

"아프더라도 좀 참아. 여기, 여기, 여기지? 여기서 부터 찌릿 올라와서, 여기 그치? 알았어. 오늘 어쨌든 **끝장**을 볼 거니까."

환자가 들리지 않는 소리로 뭐라뭐라 웅얼댄다.

"엄마, 이제 한 다섯시간만 참아봐. 알았지? 오늘 다 **끝장** 볼 거야. 걱정 마! 자, 김소윤°님은 어떠세

° 이반지하의 서류상 이름.

요?"

그는 옆자리 환자의 아들이 아니며, 나는 그의 엄마
가 되지 못했다.

의사는 다양한 환자들과의 소통에 능숙해 보였다.

"흥, 잠자리에서도 그렇게 여유로울 수 있을까?"

나는 BL만화°의 단골 대사를 웅얼대며 혼자 히죽댄
다. 나도 모르게 혼잣말 트렌드에 몸을 싣는다.

"근데 언니야, 자매가 참 사이가 좋네."

오늘도 옅은 프라이버시의 경계를 무너뜨리는 건너

° BL은 Boys' Love의 준말이다. 남자들끼리 막 사랑하는 문화예술 장르. 거친 사랑도
있고 달콤한 사랑도 있다. 사랑인 건 확실하다. 어쩐 일인지 주로 성인용.

편 침상 환자분의 예고 없는 방문이 있으셨다.

"(한숨) 아니, 친구라고요."

"그래, 그러니까."

그는 때마침 점심을 먹고 돌아온 친구를 보며 말을 잇는다.

"아니 그래도, 이 언니가 참 잘 참는 거야. 다른 사람들은 말도 못 해. 동생한테 막 이렇게 하는 것 같아도 이 정도면 증말 아무것도 아냐."

"아니 동생이 아니라—"

"아, 네, 그러셨어요?"

친구는 직장인이다.

"내가 오늘두 이거 넘겨놨어. 저기 냉장고 김치랑 먹어. 나는 당뇨가 있어서—"

병원 중식으로 나왔던 흰쌀밥 한공기가 닫아둔 커튼을 가르며 침대 위로 넘어 들어온다. 분수에 안 맞는 고가의 노이즈 캔슬링 이어폰도 경계를 허무는 배려와 친절은 막아내지 못한다. 이번에도 친구가 얼른 받아 내 몸에 걸리지 않는 침대 구석에 둔다. 이제야 모두가 행복하다. 갑작스런 수술 소식에 친구가 월차를 내고 간병을 해준다 했을 때만 해도 '그렇게까지?'라고 생각했지만, 수술 후 입원 생활은 단기간이었을지언정 예상보다 많은 도움이 필요했다.

*

수술을 한 지 사나흘 정도가 지나자 돈을 더 내고 병원에 있을지 집으로 갈지 고민이 되었다. 집에서 죙일 배달음식을 시켜 먹고 누워 있으나 여기 있으나 드는 돈은 엇비슷할 거라는 계산도 있었고, 가볍게 몸을 움직이는 일 역시 병원 건물 내부에서 하는 편이 나을 수 있단 생각이 들던 바로 그 순간, 천지를 찢는 불호령 같은 방귀소리가 미처 캔슬되지 못한 채 귓구멍을 공격해 들어왔다. 나는 퍼뜩 정신을 차렸다. 인간 몸의 구성 성분을 잠시 잊었다.

집에 갈 채비를 마치고 나를 이송해줄 친구가 도착하자, 옆자리 환자분은 벌써 집에 가냐며 부러운 눈으로 딱 봐도 길지 않은 내 육체의 위아래를 연신 훑었다. 건너편 침상 환자분은 나보다 수술을 며칠을 먼저 했는데도 아직 아프다며 볼멘소리를 냈다.

"언니가 한 건 수술 아니고 시술이네, 시술."

병실 입구 근처 침상에서 꼬치꼬치 수술비를 캐묻던 환자분의 정리 멘트를 마지막 박수처럼 받아내고 나자 마침내 병실을 나설 수 있었다.

　이제 나는 우리 사이에 단단한 콘크리트 벽이 있는 진짜 프라이버시로 떠납니다. 6인실, 그룹, 단체, 배려와 친절, 일시적 공감대여, 안녕.

생활에서

몇번을 사고 반품했던 생활용품 중에는 쓰레기통이 있다. 작고 앙증맞은 종류는 내부가 쓰레기로 채워져 있다는 사실을 믿을 수 없을 정도로 보기 좋았으나, 쓰레기를 버릴 때마다 뚜껑이 따라 올라오며 달그락거린 달지 너무 자주 비워줘야 한달지 하는 점에서 도통 만족스럽지 못했다. 큰 쓰레기통은 쓰레기를 버릴 때마다 시원시원하게 받아준다는 느낌은 있었지만 통 하나를 채우는 시간과 부패하는 쓰레기 냄새가 퍼지는 시간의 손발이 잘 맞지 않아 이 또한 썩 맘에 들지 않았다. 그냥 방 한쪽 구석에 종량제 쓰레기봉투를 세워두는 생활도 해보았으나, 시시때때로 와르르 이리저리로 넘어지는 봉투가 여간 거슬리는 것이 아니었다.

그러니까, 공간을 차지하지 않으면서 용량이 작지는 않고, 여닫음에 어려움이 없으면서 냄새가 밖으로 퍼지지는 않는, 말하자면 돈도 잘 벌어오고 살림도 잘하면서 시부모도 극진히 모시는 그런 쓰레기통이 필요했던 것이다. 이번 생에 만날 수 있을까 하는 생각을 하면서도, 허리 디스크 수술 후 본의 아니게 주어진 시간을 무한히 낭비해내자 머릿속에 그리던 바로 그 쓰레기통을 내가, 혹은 알고리즘이 결국 찾아내고야 말았다.

똥 기저귀를 버려도 냄새가 퍼지지 않는다고 맘카페에선 이미 소문이 자자하다는 쓰레기통이었다. 맘카페에 접근성이 전혀 없는 관계로 허위 과대광고일 수도 있었다. 하지만 친구가 오기 전까지 집 밖으로 쓰레기를 내다버릴 수 없게 된 몸은 이런 물건 앞에 쉽게 조급해졌다. 어서 빨리 적당한 쓰레기통을 구매해 쓰레기를 모으고 친구 놈을 불러 치우는 선순환을 이루고 싶은 마음이 간절했다. 최대한 허리를 굽히지 않고 버릴 수 있는 높이를 계산해 허벅지 중간쯤까지 오는 길다란 직육면체를 골라 결제했다. 쓰레기통은 주문하기 무섭게 배송 단계로 넘어가더니 다음날 오후께가 되자 현관문 앞에 그 적절한 모습을 드러냈다.

무척 만족스러운 소비였다. 일단 손을 쓸 필요 없이 발로 바닥 발판을 누르면 뚜껑이 시원스럽게 열리는 구조가 단순하고 직관적이라 좋았고, 쓰레기통이라는 사실을 숨기기 위한 치장이나 무늬 따위의 과한 디자인이 없다는 점이 맘에 쏙 들었으며, 무엇보다 놀라운 점은 발을 떼어 사뿐히 뚜껑을 닫고 나면 정말로 아무 냄새도 나지 않는다는 데에 있었다. 눈으로도 코로도 감각할 수 없게 된 쓰레기는 더이상 나와 한 공간에 있다는 존재감을 뿜지 않았다. 이게 무슨 느낌이더라…
아, 쾌적함이었다. 쓰레기는 분명 매 순간 나와 함께 숨
쉬고 있었지만, 감각에서 차단되고 나니 그런 게 언제
있었나 싶을 정도로 완전히 잊혔다.

이런 느낌은 처음이 아니었다.

백만원짜리 진공청소기가 처음 등장했을 때의 충격
은 상당했다. 청소기가 백만원이라니, 청소기에도 백
만원을 쓰는 시대가 왔다니, 너무도 무서운 일이었다.
정말 저걸 사는 사람이 있나 하는 의구심이 들었지만
백만원짜리 진공청소기는 생각보다 빨리 국내시장에
제대로 안착했다. 몇몇 친구들의 집에서도 볼 수 있게
되었을 무렵에는 나도 이제 청소기는 그 정도 가격이
라는 사실에 무뎌지고 말았다.

그래서 목돈이 조금 생긴 어느날, 나도 좋은 진공청

소기를 사봐야겠다는 생각이 들었던 것이다. 백만원 짜린 아니어도 그 언저리의 좋은 청소기를 갖고 싶다는 욕망이 고개를 들고 말았다. 검색을 시작했다. 청소기의 흡입력에 대한 설명은 광고 몇개를 보고 나면 다 엇비슷하게 느껴져 금세 심드렁해졌지만, 그렇게 모은 쓰레기를 어떻게 처리할 것인가에 대한 고려가 내 이목을 끌었다. 흡입구를 통해 살뜰하게 모인 쓰레기를 다시 밖으로 내보내는 단계에서 사용자는 그 쓰레기를 재경험하게 되고, 급기야 이 단계에서 정성껏 모은 쓰레기가 흩어지는 불상사까지 일어날 수 있는데, 이 점을 살펴주신 제품 하나가 눈에 띄었다. 별개의 쓰레기 정거장을 만들어 그 정거장과 청소기를 결합하면 모인 쓰레기가 정거장 흡입구를 통해 내부로 쏘옥 빨려들어가는 구조를 만들어놓았던 것이다. 한번 청소기 흡입구에 들어간 쓰레기를 다시는 볼 필요가 없었다. 일단 그 구조를 보고 나자 '쓰레기를 모은 그후'에 대한 고려가 없는 제품들은 청소기로 보이지도 않았다. 나는 홀린 듯이 그 제품을 주문했고 몇년이 지난 지금도 고장 없이 잘 사용하고 있는 중이다. 집에서 진공청소기만 고급이 된 것을 후회한 적은 없다. 한번 만났던 쓰레기를 다시 만나지 않게 해주는 것이 그렇게 고마울 수가 없었다. 한번에 죽을 만큼 세게 얻어터지는 대신 조금씩 피를 말리는 할부 결제를 했기 때문에, 애초에 대기업 선생님께서 의도하신 대로 거저 복을 받은 느낌마저 들었다.

결국 일상의 쾌적함을 위한 기술의 발전은 보기 싫은 것을 없애거나, 적어도 감각에서 멀어지게 하는 쪽으로 이루어지고 있는 것 같다. 아예 없앨 수 없다면 적어도 보거나 느낄 수 없게 해줘야 우리는 쾌적해진다.

사람과 업무로 인해 극도의 스트레스에 시달리고 있던 어느날, 내 상황을 안타깝게 여긴 친구 하나가 가족이 회원으로 있는 콘도가 있으니 거기에 며칠이라도 가서 쉬고 오면 어떻겠냐는 제안을 했다. 고급 콘도는 아니고 정말 낡고 오래된 곳이지만 조금이라도 내 기분전환에 도움이 되었으면 한다는 말을 친구는 덧붙였다. 정말 따뜻한 제안이었다. 당장 호텔 같은 고급 시설에 갈 돈은 없었기 때문에 나는 친구가 보내준 링크를 바로 클릭해 들어갔다. 하지만 불행히도 거의 곧바로 악 소리를 내며 뒤로가기 버튼을 누를 수 밖에 없었다. 콘도 홈페이지의 첫 화면에 바로 싱크대와 세탁기가 보였기 때문이었다. 나는 정확히 그런 생활과 일상의 냄새로부터 도망치고 싶었던 거다. 솔직히 털어놓자 친구는 사실 자기도 똑같은 생각이 들어서 고민하다가 그래도 혹시나 하는 마음에 얘길 꺼냈다고 했다. 고마운 친구는 호텔 특가 같은 걸 보게 되면 얘기해주겠다는 말을 마지막으로 덧붙였다. 그랬다. 호텔, 호텔이 좋은 것은 아무래도 그런 부분이었다. 생활이 감각되지 않는 쾌적함.

호텔에서 일할 때는 항상 화물용 엘리베이터를 타고 다녀야 했다. 그래도 나는 가끔 급한 업무를 이유로 손님용 엘리베이터를 탈 수 있었는데, 그나마 내가 흰 셔츠에 검은 바지 유니폼을 입고 있기 때문이었다. 주방 이모들은 그렇지 않았다. 호텔에서 핑크색 고무장갑과 장화를 신고 앞치마를 두른 사람을 마주치고 싶은 사람은 없었다. 그래서 그들은 지하 2층 주차장 구석에 있는 휴게실과 2층 조식 뷔페를 잇는 유일한 통로, 화물용 엘리베이터만을 이용해야 했다. 호텔이 만드는 쾌적함이 노동의 산물인 것은 모를 수 없이 당연했으나 그걸 적나라하게 드러내보이는 것은 다른 문제였다. 어떤 노동이 있다는 것은 감각되지 않아야 쾌적했다. 하지만 그 노동이 되는 기분은 어땠더라.

잠시 멈춤.

아니, 이런 생각을 하지 않아야 쾌적하다. 시설과 기술과 기업과 넘들이 의도한 대로 싹 다 잊어주어야 쾌적하다. 쾌적함을 추구하는 게 나쁜 건 아니니까. 그러다보면 어느 순간 나도 치워지겠지만, 그건 그때 생각하면 되는 거니까. 우린 결국 다 서로의 쓰레기가 되겠지만, 물론 언제 누가 무엇이 먼저 누구의 쓰레기가 될지는 알 수 없지만, 알 수 없는 미래가 있어 더 설레는 것 아니겠는가. 어제보다 쾌적한 오늘과, 오늘보다 쾌적할 넘들의 내일이.

옷장 앞에서

생애 처음으로 내가 가진 옷들을 한번에 전부 꺼내 보기로 했다. 가장 몸이 자유롭지 않은 시기에 그런 일을 해야 한다고 생각한 것이 아이러니했다. 하지만 어쩐지 지금이 아니면 안 된다는 생각이 들었다. 15년 가까이 끌고 다닌 오래된 MDF 옷장과 어설픈 플라스틱 행거를 끌어내고, 튼튼한 알루미늄 행거로 열린 구조를 만들기로 마음먹었다.

거사를 치르기 전날부터 굉장히 큰 불안과 초조에

시달렸다. 나의 짐들은 언제나 깊은 수치심과 맞닿아 있었다. 내가 평생 이고 지고 다니는 각종 예술들, 그리고 혼자 입는다곤 믿을 수 없는 양의 상하의와 각종 패션 소품은 잦은 이사를 다닐 때마다 인부 여러분들과 집주인 여러분들께 숱한 비난과 간섭을 받았다. 사실 그 누구보다 나 자신이 가장 그것을 부끄럽고 수치스럽게 여겼다. 그 물건들은, 그러니까 하나하나가 차지하는 부동산과 그에 따라 요구되는 추가비용은, 꾸준히 밑바닥에서 요동치는 나의 경제 사정을 고려했을 때 정말 가당찮은 것들이었다.

작품을 옮겨야 할 때마다, 그리고 산더미 같은 옷들이 삶의 이슈로 떠오를 때마다 나는 막연히 불안하고 초조해졌다. 그것들 각각은 단순히 짐 하나, 물건 하나에 불과했지만 동시에 나의 내면 아주 깊숙한 곳에 닿아 있는 것들이기도 했다. 물건들에는 한없이 꾀죄죄하고 구질구질한, 입에 올리기도 뭣한 각종 감정들이 덕지덕지 붙어 있었다. 여전히 꾸고 있는 꿈들. 하지만 꿈이라고 인정하고 싶지 않은, 실현될 미래라 생각하는 어떤 바람들. 내가 나일 수 없는 곳에서 잠시 나를 위장해줄 보호막들, 혹은 더욱 뻔뻔하게 나다운 나를 주장하게 해주는 도구들. 그런 것을 어떻게 그리 쉽게 옮기고 버리고 재배치할 수 있단 말인가.

그래서 나는 일생일대 가장 쾌적한 옷방을 갖기 전날 남몰래 폭식을 할 수밖에 없었다. 다행히 도와주기로 한 네명의 친구들 중 하나가 작업을 시작하기 전 만둣국을 사왔기 때문에, 그 뜨끈한 국물이 밤새 말도 안되게 할퀴어진 위장을 따뜻하게 보듬어주었다. 데워진 위장이 몸 전체에 열을 보내 약간 후끈하다 싶어졌을 무렵, 약속한 친구들이 차례로 나타났다.

시트지가 덜렁거리는 MDF 옷장 속 빽빽하게 걸려 있던 옷들을 빨래걸이로 옮겨놓은 친구 둘은 곧바로 전동 드릴과 망치를 이용해 옷장을 부수기 시작했다.

그 둘은 본의 아니게 키가 크고 덩치가 좋았으며 머리가 짧았다. 둘 중 하나는 얼마 전부터 테스토스테론°을 맞기 시작해 자꾸만 뭔가를 증명하려 했고, 다른 하나는 평생 천연 테스토스테론을 때려맞은 듯 보여, 둘이 함께 일하는 모양새가 제법 나쁘지 않았다. 허리 보조대를 차고 방문 너머로 그 광경을 보고 있던 나는 지금 이 장면을 촬영하지 못했음을 평생 후회할 거라고 생각했다. 그들은 몸을 쓸 수 없게 된 친구가 부탁한 일을 그저 성실하게 수행하고 있을 뿐이었다. 하지만 동시에 뭔가를 대단히 주장하거나 드러내어 실천하는 듯도 보였다. 이를테면 젠더°° 같은 것 말이다.

그들은 이 부분은 나사를 빼고 저 부분은 부수자는 식의, 아주 담백하고 효율적인 최소한의 의사소통을 바탕으로 옷장을 부숴낸 후, 일말의 망설임도 없이 차

° testosterone. 남성 호르몬. 생리가 멎고 털이 자라며 변성기가 시작된다.

°° gender. 성(性), 성역할, 성정체성 그런 거. 아 이런 것까지 설명해줘야 되나.

례로 옷장이었던 조각들을 번쩍번쩍 들고 방 밖으로 나가 현관으로, 또 세상 밖으로 향했다.

우연이었을까. 그들이 방을 빠져나간 직후, 두 명의 긴머리 헤테로 여성들이 기다렸다는 듯 바로 무릎을 꿇고 걸레질을 시작했던 것은. 이미 아주 오래전부터 DNA에 모든 것이 각인되어 있기라도 한 듯, 너무나 자연스럽고 전통적인 이 흐름에 나도 모르게 헛웃음이 났다. 하지만 그들 중 누구도 자신이 여기서 언제 어떤 역할을 해야 한다는 것에 일언반구, 말을 얹는 이는 없었다. 사전에 할 일을 나누거나 조율한 것도 아니었다. 그저 물 흐르는 듯이 전개되는 이치라는 것이 있었고 그 전개 속에 모두는 자기다웠다. 나는 언젠가 이 모습을 현대미술 퍼포먼스로 재현하기로 마음먹었다.

옷과 작품이 어지럽게 얽혀 있던 방 안의 모든 것들을 작은 거실 겸 부엌 구석과 침대 위에 몰아두고 난 후 잠시 다 같이 바닥에 앉아 커피를 마셨다. 나만이 허리

보조대를 찬 채 의자에 앉아 그들을 내려다보며 사장처럼 담소를 나누었다.

"그래도 생각보다는 안 많다."
"너는 당연히 옷이 많지, 당연히 많을 거라고 생각했어."

얼마큼 진심인지는 알 길 없는 말들이었지만, 평생 들어본 내 짐더미에 대한 말들 중에선 가장 따뜻한 종류였다. 하나둘 손에 든 커피잔을 바닥에 내려놨을 무렵, 행거 설치업체에서 도착했다는 연락이 왔다.

언제나 그렇듯 예정 시간보다 조금 늦게 도착한 설치기사님들은 익숙한 몸놀림으로 순식간에 행거 조립을 마치고 다음 일정을 향해 바람같이 떠나가셨다. 현관을 나서던 기사님 한분이 거대한 옷무덤들을 보고,

오늘 이사 오셨나봐요, 라고 물었을 땐 살짝 내면에 구
김이 가는 듯도 했지만 커피타임을 통해 이미 오랜 구
김살이 많이 펴진 상태였기 때문에 크게 개의치 않을
수 있었다.

"야, 이게 논바이너리°네."

한손에는 프릴이 촘촘히 달린 살구색 여름 블라우스
를 들고, 또다른 손에는 오버핏의 묵직한 검정 가죽 재
킷을 든 친구가 배운 헤테로∞처럼 말했다.

그랬다. 이도 저도 아닌 인간의 옷장이란 그 주인만
큼 이도 저도 아니기에 이것도 저것도 동시에 필요로
했으며, 그 결과 양적 팽창을 하지 않을 수 없었던 것이

° non-binary. 무 자르듯이 이것 또는 저것, 남(男) 또는 여(女)란 식으로 젠더가 이분
법적이지 않다는 말이다. 한마디로 이도 저도 아니라서 추는 트위스트.

∞ 젠더와 퀴어 따위를 글로 배워 대안적 태도를 갖게 된 헤테로를 '배운 헤테로'라 말한
다. 이반지하의 노래 「레즈바에 온 작은 헤테로」(2013)에서 처음 소개된 개념.

다. 나조차 묻지 못했던 오랜 질문의 답을 대충이나마 들게 된 것도 같았다. 친구들은 내가 가진 색색깔의 다양한 목적의 옷들을 구경하며, 웃길려구 갖고 있는 옷과 정상성 실천을 위해 갖고 있는 옷을 함께 배치하는 등, 몸을 쓸 수 없는 자가 손 쓸 수 없는 틈을 타 자기들 나름의 큐레이션으로 옷 정리를 해주기 시작했다. 걸린 옷들 아래 남는 공간에는 둘둘 말린 대형 회화 작품들을 꼼꼼히 수납해주었다. 역시나 갖고 있는 모든 옷을 걸지는 못했고, 작품들 역시 언제든 쉽게 꺼낼 수 있을 만큼 여유있게 수납하지 못했다. 하지만 분명 전보다는 공기가 통하고 있었고, 내 마음도 조금은 그랬다.

허리 디스크 수술 후 가장 많은 일을 한 하루였다. 가장 많은 말을 했고 가장 많이 몸을 움직였고 가장 많이 해서는 안 될 자세를 했기 때문에 친구들이 모두 돌아가자마자 묵직한 피로감이 몰려왔다. 먼지도 어마어마하게 났고 목도 칼칼했다. 쉰 것도 같았다. 하지만 잠은 오지 않았다. 예상했던 막대한 수치심을 느끼지 못한 허전함 때문이었을까, 아니면 수술 후 정지한 듯한 시간 속에 갑자기 들이닥친 어마어마한 이동과 변화가 너무 거대했기 때문이었을까. 나는 기묘하게 각성된 상태로 다음날 아침이 될 때까지도 잠을 이룰 수가 없었다. 하지만 앞으로 아주 오랫동안 오늘을 기억하게 될 것 같은 느낌이 들었다.

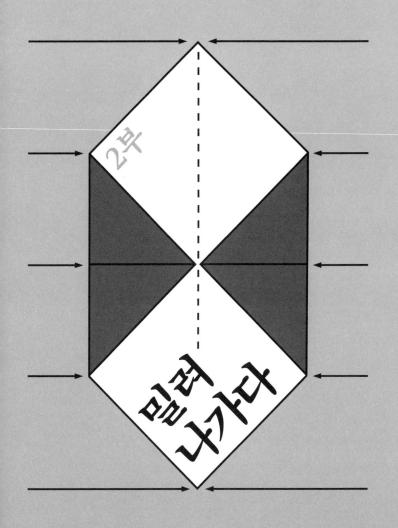

2부

일러
나가다

일터에서

전업 작가의 꿈을

"복 받으라는 말도 못 하겠다야."

2024년 구정을 맞아 또다시 '정상 서포터°'가 필요
했던 사장님은, 더이상 상대가 유효한 노동력이 아님
을 알게 된 후 씁쓸한 한마디를 뱉었다.

° 구정이나 추석처럼 정상가족들이 모여야 하는 명절에 그들이 부재한 자리를 채워주는
비정상들을 일컫는 말. 24시 편의점을 비롯한 다양한 서비스와 노동의 현장에서 그들을
대신해 자리를 지켜 국가와 사회가 한시라도 무너지지 않도록 지탱한다. 한국의 정상가
족은 정상 서포터 없이 모이거나 유지될 수 없다. 이반지하가 만든 개념이자 단어이며,
이반지하의 두번째 책 『나는 왜 이렇게 웃긴가』(2023)에서 처음 소개되었다.

나는 눈을 한번 깊게 감았다 떴다. 그렇다, 나는 이제 정말 전업 작가가 된 것이다. 어린 시절 내가 상상했던 전업 작가가 되는 순간은, 큰 상을 받게 된 후라든가, 그림이 날개 돋힌 듯 팔려 도무지 그 일 말고 다른 일을 병행할 수 없다든가 하는 모습이었다. 하지만 모진 세월을 지나 마침내 전업 작가가 된 지금 이 순간은 바로 편의점 사장님의 유휴 노동력에서 제외된 순간, 내가 육체적 쓸모를 잃은 순간이었다. 이제 나는 확실한 전업 작가가 되었다. 물론 작가 역시 대단한 육체노동이다. 하지만 육체노동 시장에서의 노동이란 무거운 것을 들 수 있냐 없냐에 따라 갈리기에, 지금 나에게 어떤 길 하나는 완전히 사라지게 됐다 볼 수 있었다. 비로소 나머지 선택지가 완전히 사라지자, 나는 전업 작가의 길을 더욱 비장하게 선택한 척할 수 있게 되었다.

"근데 사장님이 진짜 급하실 때, 그러니까 정말

카운터라도 봐줄 사람이 필요할 땐 도와드릴 수 있어요."

나는 마치 변명하듯 답했지만, 상품 진열을 할 수 없는 편의점 알바는 반쪽짜리 노동력도 되지 못한다는 걸 잘 알고 있었다. 나는 항상 편의점 일이 두명이 하면 완벽한 일이라고 생각했다. 하지만 언제나 노동력은 착취되어야 하므로 그 일은 한명이 담당해왔다. 그러니 여기서 1인분도 하지 못하는 인물이 파고들 틈은 이제 없다고 봐야 한다.

사장님과 문자를 주고받고 난 후 나는 천장을 보고 바닥에 똑바로 누웠다. 삶의 결정적인 순간들은 꼭 이런 식으로 오곤 했다. 집을 나올 준비가 전혀 되어 있지 않을 때 반드시 집을 나와야 했으며, 차를 사고 싶다는 욕망이 들어서지조차 않았을 때에도 반드시 차가 필요한 순간이 먼저 닥쳤다. 어버버 계약서 몇장에 사인하는 어른이 되자마자 그 계약금을 다 합친 것보다 더 큰 변호사를 사야 하기도 했다. 전업 작가가 될 준비는 아마 그에 비하면 준수한 수준일 것이다. 적어도 전업 작가가 되고 싶지 않았던 적은 없으니까.

하지만 이토록 믿을 구석 하나 없는 순간, 이토록 급작스럽게 전업 작가 인생이 시작될 줄은 몰랐다. 이 사회에서는 비로소 어떤 쓸모가 완전히 박탈당한 후에야 소위 하고 싶은 일만 하는 사람이 되는 것인지도 모른다. 평생 꿈꿔오던 순간이 발밑까지 닥쳐오자 역시 소원 같은 것은 조금 복합적이고 입체적으로 빌어야 한다는 생각이 들었다. 이제 글과 그림은 진짜로, **최종_최종.pdf**로 반드시 팔려야 한다. 이제서야 오롯이 현대 미술가로만 살아남을 수 있을 것인지, 이 인생과의 마지막 승부, 그 최후의 막이 올랐다는 생각이 들었다.

갑자기 불현듯 떠오른 생각이 있어 사장님에게 문자 하나를 더 보내려다가 멈추었다. '사장님, 모찌 시간 되는지 물어볼게요'라고 보내려 했다. 하지만 휴대폰을 든 순간 모찌가 죽었다는 사실을 기억해냈다. 맞다. 모찌가 죽었었다. 또 누가 죽었더라. 그래, 그랬었지. 맞다, 그랬다.

나는, 내가 그랬듯, 전업 작가로 살길 꿈꿨던 모찌를 몇년 전 사장님께 소개했고, 모찌는 편의점과 작업을 병행하다 결국 생계를 위해 좀더 안정적인 직장에 취직했다. 그리고 모찌는 우직하게 일했다. 그랬다고 들었다. 연애도 하고 돈도 벌고 많이 밝아졌다고도 들었다. 하지만 모찌는 죽었다. 자살이 아닌 죽음은 오랜만이었다. 그리고 내 뇌는 아직도 모찌의 죽음을 외우지 못했다. 영어 단어를 외우듯 이런 순간을 여러번 반복하다보면 모찌가 지금 어디선가 살아 있지 않다는 사실을 내 머리가 기억하게 될 것이다. 이해는 영원히 할 수 없을 테니까, 나는 이 일이 외워야 하는 일이라는 걸 아주 잘 알고 있다.

모찌의 죽음에 저마다 다른 이유로 슬퍼하고 분노했겠지만, 나는 그가 일하다 죽었다는 사실이 가장 견딜 수 없었다. 언젠가는 이렇게 직장을 다니지 않고, 아르바이트 같은 걸 하지 않고, 전업 작가로 살 수 있을 거라고 모찌는 생각했을 것이다. 나 역시 그런 생각을 하며 살았다. 사람들은 그 좋은 머리로 돈을 먼저 왕창 벌어놓고 나중에 하고 싶은 일, 그게 뭐랬지? 그래 예술, 그런 것을 하라고 말했다. 하지만 돈을 벌다 삶이 끝났을 때는 어떻게 하면 되는지 알지 못했다. 나도 몰랐고, 모찌도 몰랐을 것이다. 그런 걸 알았다면 우리는 이 삶의 단 한톨도 이어갈 수 없었을 것이다. '언젠가는' 같은 생각 없이 국가와 시스템이 장려하지 않는 삶을 살수는 없는 거니까.

왠지 나는 앞으로도 계속 모찌의 죽음을 외우지 못할 것 같다는 생각이 들었다. 분명 언제 한번은 크게 말실수를 하여 민망한 상황을 만들 것 같다. 이건 다 모찌

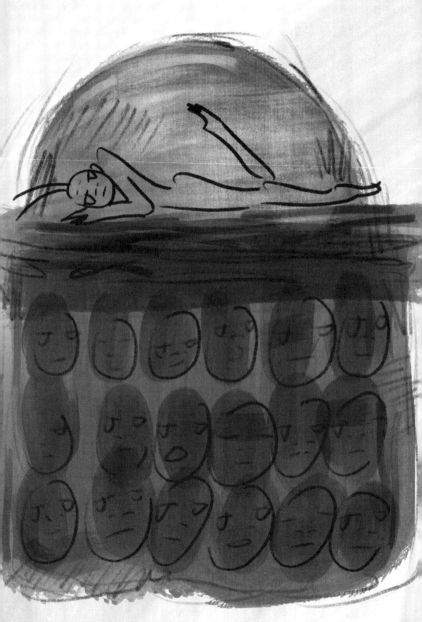

Listening to the Dead

가 일을 하다 죽었기 때문이다. 그렇게 일을 하다 죽어버리면 나는 어떡해야 할지 모르기 때문이다. 나와 같은 꿈을 꾸다가 돈을 벌다 죽어버리면 어떻게 해야 할지 나는 모르겠기 때문이다.

모찌는 죽었을 리 없다. 나도 그 미끄러운 호텔 조식 뷔페 바닥 위에서 오똑한 아가씨 구두를 신고 몇번을 넘어질 뻔했다. 여기서 넘어지면 뒷머리를 곧바로 단단한 고급 바닥재에 찧을 거라는 걸 알고 있었다. 하지만 아무도 이곳이 안전벨트 없는 롤러코스터라는 것을 믿어주지 않을 테니까, 나는 미끄러지지 않기 위해 애쓸 수밖에 없었다. 아마 나는 그 위에서 몇번을 죽었어도 이상하지 않았다. 음식이 오가는 바닥은 자주 물기가 있었고, 그러니까 조심하면 되는 일이고, 그러니까 빨리 물을 닦으면 되는 거니까. 그러니까 모찌도 그럴 수 있었을 거니까, 죽었을 리는 없지 않을까.

모찌는 야근을 반복시킨 회사를 겨우 퇴사한 후 일

주일 만에 죽었다. 찍고 싶은 게 생겼다고, 만들고 싶은 게 너무 많았다는 말도 했다. 그랬다고 전해 들었다. 산재, 같은 말을 우리는 했지만 무엇도 이 죽음의 맥락을 증명해주지 않을 거라는 걸 모르지 않았다. 산재 같은 희망적인 말을 함부로 꺼내서 기대하거나 기대하게 하는 것을 망설였다. 그런 말을 하다보면 모찌의 죽음을 치르기 위해 겨우 이성적으로 그러모아놓은 감정들이 와장창 터져나와 장례식장 바닥에 우르르르 쏟아질지도 모르기 때문이었다. 그러면 우리는 그 죽음에 덕지덕지 붙은 분노와 억울함을 못본 체하지 못하고 그것까지 살아내야 하기 때문이었다.

그러니까 모찌는 죽었다.

나는 기억하기 싫어서 대충 쓴다.

모찌 죽었잖아. → 아참, 그렇지.

별안간 무심히 잡고 있던 휴대폰이 부르르 떨린다.

사장님

소윤아, 카운터라도 볼래?

아, 나는 아직 전업 작가가 아니다.

공공의 추억을 더듬다

동이 틀 무렵 끈적하게 들러붙는 잠을 비비며 느적
느적 걸음을 옮기자 불빛에 홀린 나방처럼 익숙한 간
판과 구성 쪽으로 자연스레 발이 움직였다. 정신보다
몸이 먼저 이끌리듯 찾아간 곳은 외워 그릴 수 있을 만
큼 낯익은 규격을 하고 있었지만 어딘지 모를 생경한
으스스함을 뿜고 있었다. 그 으스스를 해석해내려 잠
시 유리문 앞에 멍하니 섰다. 무자비하게 더러워 보이
는 아스팔트 바닥보다 약간 높이 솟아 있는 계단 위에

맥없이 주저앉았다. 편의점의 불은 꺼져 있었다.

응당 눈이 아프도록 쨍한 형광등 불빛을 뿜어야 마땅한 편의점이 칠흑 같은 어둠에 휩싸여 있는 모습은 낯설다 못해 불경해 보일 지경이었다. 24시간 주 7일을 쉴 없이 넘들의 편의를 위해 복무해내리라는 기대와 목표 속에 시작된 비즈니스의 근본을 완전히 배반해버린 그 모습을 나는 어떻게 받아들여야 할지 몰랐다. 어김없이 만나리라 기대했던 포스기 너머 피로에 찌든 노동자의 모습도 간데없었고, 나를 사라! 소리치는 각종 자질구레한 물건들의 찬란한 포장지마저도 깊은 어둠 속에 전혀 힘을 쓰지 못하고 있었다.

힘을 잃은 것은 본능처럼 간판에 이끌려 이곳까지 와버린 나도 마찬가지였다. 멀리서 척 봤을 때도 뭔가 이상하다는 느낌이 들긴 했지만, 편의점이 문을 닫을 수 있다는 생각 자체를 하지 못했다. 애초에 편의점에 관해 대단한 계획을 세우고 찾아온 것은 아니었다. 하지만 당도하면 그 자체로 행위가 목적을 이루리라 여겼기 때문에, 예상했던 리듬이 한번 끊어지자 두뇌 회로 어딘가가 절단된 듯, 이제 더이상 뭘 하면 좋을지 알 수 없어졌다.

멍한 정신에 순응할 때면 언제나 그렇듯 잊고 살았던 작은 티끌 같은 것들이 머릿속에서 뿅뿅 솟아오르기 시작했다. 그래, 지역 소도시 편의점은 24시간이 아니란 얘길 들은 적 있다. 인구수나 판매량 같은 걸 따져봤을 때 사람 쓰고 전기 쓰느니 닫는 것이 이득이기 때문일 것이다. 분명 아는 얘기였지만 그 모습을 직접 보는 건 무척 신선한 동시에 받아들이기 어려웠다.

편의점을 떠올리면 형광등이 동시에 떠오른다. 나에게 편의점은 영원히 빛나는 형광등이다. 명이 닳아 깜빡깜빡대는 순간이 닥쳐올지라도 상비된 노동자가 순식간에 그것을 새것으로 갈아끼워 아주 잠깐의 어둠이나 멈춤이 있던 기억마저 완전히 잊는 것, 우리의 동력은 잠들지 않는다는 슬로건, 그것이 내 머릿속 편의점이었다. 그러니 편의점의 불은 꺼질 리 없었다. 그런 것은 편의점이라 할 수 없었다.

지하철과 편의점의 불빛은 무척 닮아 있다. 누런 낭만 같은 것이 껴들 틈 없이 밝고 환하다. 구석도 그림자도 만들지 않도록 면밀히 배치되어 있다. 그래서 그 빛은 필연적으로 숨 막힌다. 마음이나 표정을 감출 곳이 없다. 게다가 지하철은 무려 마주 앉게 한다. 무릎이 닿지 않을지라도 네 시선에 쉬이 내 시선이 겹친다. 그래서 재밌을 때도 있지만 나는 주로 숨 막힌다. 지하로 다닌다는 것, 창밖 풍경이 없다는 것 역시 사람을 미치게 하는 구석이 있다. 그래서 나는 견디는 마음으로만 지하철을 탄다. 이 시간만 견디면 늦어서 죄송하고 송구할 일이 안 생기겠다 싶을 때만 으 소리를 내며 지하의 지하로 향하는 계단을 내려간다. 다음에는 꼭 한시간을 일찍 나와 막히는 길로 가자고 다짐한다.

지하철은 한번 타면 중간에 뛰쳐나갈 수가 없다. 물론 자가용이나 버스에서도 함부로 뛰쳐나가선 안 된다. 하지만 버스에는 기사님, 잠깐만요, 같은 게 있다. 기사님, 제가 내릴 곳을 어쩌구, 하며 전국민이 아는 뻔한 사연을 읊으면 아주 엉뚱한 곳에 함부로 떨궈질 가능성이 생길 때가 있다. 옛날엔 이런 것에 훨씬 에누리가 있었지만 세상이 더없이 체계적으로 변하면서 거의 불가능한 일이 되긴 했다. 언젠가부터 기사님들은 그게 불법이라며 정류장에서만 사람을 내려주었다. 하지만 나는 여전히 예전의 낭만과 에누리를 기억하며, 언제나 지하철보다는 버스라고 생각하며 살고 있다.

재수생 시절에는 집 앞 정류장에서 아무 버스나 타고 아무 데나 가는 짓을 자주 했다. 나름 안전하게 통제된 일탈이었다. '생'자를 붙여주긴 하지만 사실 재수생은 학생 같은 것이 전혀 아니기 때문에 어디에도 정식으로 소속되지 않아 어디로든 흘러갈 수 있다. 그런

면에서 아무 버스 타기는 매우 재수생스러운 행위였다. 뭐든 할 수 있고 어떤 상황도 다 감당할 수 있다는 듯 막무가내로 저지르는 것 같지만 결국 정해진 노선을 달릴 차에만 몸을 싣는다. 그리고 결국 그 노선을 따라 그대로 돌아오게 된다. 재수생은 다음 이벤트가 벌어지기 전까지 유예된 것 자체가 정체성이기 때문에 아주 적당한 일탈만이 가능하다. 그래도 나는 버스가 한강을 건널 때마다 스릴을 느꼈다. 다리를 건너고 있으면 다시는 돌아오지 않을 듯 미지의 곳으로 멀리멀리 떠나가버리는 듯한 기분에 취했다. 모두가 어딘가 소속된 시간에 혼자 기약없는 척 여행을 떠난다는 것이 좋았다. 아무 데서나 내려 아무 버스로나 환승을 하고 아무 곳에나 가서 아무렇게나 걷다가 돌아오면 어떤 직성이 풀렸다. 하지만 아주 마지막의 나는 결국 제자리로 돌아간다. 그때의 제자리는 모의고사 문제집이 쌓여있는 사설 독서실의 맨 구석, 선생님의 담배 연기 속에 그림을 그리는 이젤 앞, 나만 잘하면 되는 진짜 괜찮은 가족의 곁.

그럼에도 정말로 떠날 수 있는 순간에 대해 생각하며 마음을 다잡으려 한다. 떠나낼 것이다, 떠나낼 것이다. 목표한 곳에 속하면 떠나낼 수 있다. 그런 믿음으로 마음을 다잡는다. 언젠가는 정해진 노선을 아무리 따라가도 아무도 나를 찾아내지 못할 곳으로 가고 싶다. 넘들이 걱정이랍시고 신나게 노선 위를 뒤질 때, 나는 노선 같은 게 절대 깔리지 못할 아주 엉뚱한 곳을 맹랑하게 걷고 있고야 말리라. 아마 그런 생각을 했다.

영어학원 새벽반 강의를 하던 시절에는 항상 지하철을 탔다. 버스는 반드시 늦었기 때문이었다. 집 앞 전철역에서 그 시간에 지하철을 타면 거의 텅 빈 차였지만 학원 근처에 가까워질수록 자리가 하나둘 차서, 두세 정거장 전쯤에는 좌석이 남아 있지 않을 때도 있었다. 무릎까지 오는 가죽부츠와 미니스커트를 입은 어느날 얼굴이 새빨간 남자가 지독한 술냄새를 풍기며 빈 자리들을 지나쳐 내 앞에 섰다. 그리고 자기 다리 한쪽을 내 무릎 사이에 힘주어 끼워넣었다. 17년이 지난 지금도 나는 그 얼굴을 기억하고 있다. 그려볼 수도 있다. 그의 모든 움직임은 이렇게 말하고 있었다. '나는 지금 취했잖아, 알지?' 지금 자신이 하는 일을 기억할 수 없을 거라는 듯 허공을 보는 눈에는 네모난 금테 안경이 씌워져 있었다. 흰머리가 검은머리보다 많은 짧은 머리는 붉어진 두피로 인해 핑크빛으로 보였다. 그의 배는 내 얼굴에 닿을 정도로 튀어나와 있다. 그가 입고 있던 옷은 회색의 가로 줄무늬 폴로 티셔츠. 근데 그런 걸 안 입는 사람도 있나. 그렇게 생기지 않은 남자가 있었던가. 그리고 지하철에 타고 있던 모두가 내 눈을 피했다. 바로 옆자리에 앉은 아저씨도 아줌마도 학생도 직장인도, 그 모든 여러분들이 도움을 청하는 내 눈을 피한 그 새벽을 기억한다. 내릴 곳에 도착해 내가 억지로 무릎을 벌려 그의 다리에서 벗어나기 전까지, 그는 그 짓을 끝내지 않았다.

그런데 좀 웃기다. 그에게 대놓고 저항할 용기는 없었지만 결국 출근을 위해 그 자리를 빠져나올 용기를 냈다는 게. 겨우 빠져나와 가려고 한 곳이 고작 영어학원이었다는 게. 그와 비슷한 얼굴들에게 여러분, 하이, 하우 아 유 같은 것을 가르치러 갔다는 게.

핑크색 머리를 하고 만원 지하철에서 내리자 누가 뒤에서 머리끄덩이를 잡았었다. 핑크 머리는 이천년대 동료시민들의 심기를 자주 거슬렀다. 그날도 그런 날 중 하나였다. 뒤에서 계속 가발이야, 아니야, 하는 수군거림을 들었다. 머릴 잡아당겨본 건 가발인지 아닌지를 확인하기 위해서였을 것이다. 사람이 가득했던 지하철, 마침내 문이 열리고 내 발 한쪽이 차량 밖을 딛자마자 내 고개는 완전히 뒤로 젖혀졌다 놓여났다. 뒤로 당겨졌던 몸의 중심을 되찾아온 후 하얗게 질려 뒤돌아보자, 지하철에서 그 광경을 보고 있던 모든 사람들이 와하하 웃었다. 아마 다들 궁금했던 모양이었다. 모두의 궁금증을 해소하기 위해 누구 하나가 큰 용기를 낸 것이다. 가장 확실한 방법은 당겨보는 것. 벗겨지는지 붙어 있는지를 알아보는 것. 모두의 환한 얼굴을 기억한다. 왜냐면 지하철 불빛은 아무것도 숨기지 않기 때문이다. 다만 사람들이 아주 환하게 얼굴에 골을 파며 웃었기 때문에 강렬한 형광등 밑 모두의 얼굴에는 아주 깊은 그림자가 졌다. 그래서 그들의 얼굴은 아주 환한 동시에 끝이 안 보일 만큼 깊고 어두웠다.

*

문득 나는 그대로 계단에 앉은 채 고개만 뒤로 돌려 어둠 속에 묻혀 있는 편의점을 다시 바라본다. 화려한 포장지를 가진 상품들을 본다. 내가 아는 그것들이 맞나 싶어진다.

편의점 계산대에 앉아 상품들을 보고 있노라면, 각각의 포장과 디자인은 모두 각자의 소리를 지르고 있다는 걸 알 수 있다.

"나를 봐! 나를 봐! 나를 선택해!"

과자 봉지처럼 바스락거리는 광이 나는 것들은 특히 더하다. 젤리 포장지도 그렇고, 비닐을 벗겨내기 전 담배 한보루도 사실 그렇다. 강렬하고 개성있는 폰트, 색깔, 반짝하고 빛을 반사하는 재질, 비명과도 같은 짧은 낱말을 이름 삼은 색색깔의 다양한 상품들은 전부 다 인상적이라서 그중에서 원하는 물건을 찾기는 쉽지 않다. 모두가 손님 앞에 주인공일 작정을 할 뿐 배경 같은 게 될 생각은 없다. 그렇기 때문에 손님께서 그거 어딨어요, 하고 물었을 때 숙련된 노동자만이 아 그거요, 하며 바로 그것의 자리를 집어낼 수 있는 것이다.

문득 신문 가판대로 눈을 돌리면 말도 안 되게 조용하다. 분명 가장 자극적인 단어들을 골라 헤드라인을 잡았겠으나 부드러운 회색 종이에 스며든 검은 잉크는 내 눈을 뽑을 듯이 깊게 파고 들어오지 못한다.

특검…

소리내어 읽으면 ㅌ소리가 주는 선언적 자극이 있지만 그래봤자 '콘돔'은 커녕 '판콜'도 이길 수 없다. 하지만 정확히 그 이유로 인해 나는 신문 가판대에 잠시 눈을 두게 되는 것이다. 소리의 데시벨이 저 정도면 아주 점잖은 축이다. 전자레인지와 컵라면용 온수만큼 점잖은 편이라 할 수 있다. 『한겨레』를 읽는 편의점 사장님을 '깨시민'이라 놀려봤다. '깨시민'의 '깨' 발음이 너무 달기 때문이다. 놀릴 거리가 있다기보다 '시민' 앞에 '깨'가 붙어 있다는 것이 너무 좋아서 그 단어를 쓸 기회가 생기면 반드시 쓰는 편이다.

생각에 잠길 정도로 여유가 있는 날이면 나는 꼭 계산대에서 쓰레기봉투를 접는다. 내가 편의점에서 가장 좋아하는 일 중 하나이기 때문이다. 나머지 하나는 컵라면 박스에 딸려오는, 줄줄이 연결된 일회용 젓가락을 점선 따라 또도독 하나씩 뜯어내는 일이다. 그렇게 뜯은 젓가락들은 포스기 옆 빨대 칸 옆자리에 꽂힌다. 젓가락을 '빌려가는' 넘들을 위해서다. 하지만 필요 이상으로 가져가는 넘들이 있기에 위치는 반드시 포스기 옆이어야 한다. 적당한 긴장감과 양심 같은 것을 갖고 젓가락에 뜨끔 손을 뻗도록 하기 위함이다. 근무 초기에는 엉뚱한 방향으로 젓가락 포장지가 찢어지지 않도록 신중하게 손가락으로 점선을 뜯어냈는데, 언젠가부터는 그 부분을 큰 가위를 이용해 드드드득 오려내는 데에 재미가 크게 들렸다. 가위를 통해 전해지는 또독또독한 감칠맛이 있었다. 점선이 붙어 있는 부분엔 가위날이 들고, 그 다음은 이미 잘려 있어 잠시 허공을 가르다가 바로 다시 붙어 있는 부분에 날이 들고를 반복하는데, 이 사각거리는 감각이 가히 중독적이다. 이 감각에 너무 취하게 되면 포스기 옆 젓가락 칸에 다 들어가지 못할 정도로 많은 양의 낱개 젓가락들이 생겨나기 때문에 언제나 과유는 불급이다.

쓰레기봉투 접기의 경우 과유불급 같은 생각을 굳이 하지 않아도 되는 때가 많다. 모두가 새 마음을 먹고 집 정리를 하는 연말 연초가 아니고서야 편의점에 들어오는 쓰레기봉투의 양은 거의 일정하기 때문이다. 조금 흥이 난다 싶으면 작업이 끝나기 때문에 저절로 양 조절이 된다. 묶음으로만 판매하는 작은 용량의 봉투는 작업 대상이 아니다. 50리터와 75리터(구 100리터)가 진정한 나의 벗이라 할 수 있다. 동네 별로 색이 정해져 있다곤 하지만 윗분들 중 색 변덕이 심한 분이 있는지 지금까지 같은 동네에서 핑크, 갈색, 초록 폰트를 가진

다양한 쓰레기봉투를 접어볼 수 있었다. 하지만 어떤 색의 글자가 올라가든 반투명 흰색 비닐 배경 위에선 누구나 스포트라이트를 받기 때문에 매번 저마다의 아름다움이 있었던 것도 사실이다.

봉투를 하나씩 접기 위해서는 전체를 묶고 있는 스티커를 먼저 제거해야 하는데, 이걸 떼는 맛이 아이폰 언박싱°의 그 맛이다. 새 상품만을 판매하는 편의점에서, 누구도 아닌 바로 이 몸이 순백의 새 봉투 묶음을 손상시켜 중고로 만들어버리는 과정이기도 하다. 하지만 이에 대해 누구도 시비 털지 않는다. 이것은 넘들의 편의를 위한 업무의 일환이기 때문이다. 하지만 업무치고 아주 달달한 편이다. 이 스티커는 묶음에서 완전히 뜯어내버려도 되고, 일부만 솜씨 좋게 떼내어 봉투에 대강 붙인 채로 둬도 된다. 이런 '여지'가 허락된다

° unboxing. 상자(박스)를 개봉한다는 뜻. 개인적으로는 '언박싱'이라고 한글로 썼을 때 모양과 구성이 매우 낯설어 보여 좋아한다.

는 것이 이 작업의 유독 짜릿한 부분이다. 어쨌거나 이 것은 모두가 사자마자 속을 채우고 내다버린 후 곧바로 잊어버릴 물건이기 때문에 다른 상품에는 없는 넉넉한 여지가 존재할 수 있는 것이다.

스티커를 떼어냈으면 이제 봉투는 하나씩 접힐 준비가 끝났다. 종이접기에 심취했던 유년기를 자극하며 일단 원래 접혀 있던 선에 맞춰 비닐을 접어준다. 이미 한번 접혔던 부분을 접을 때는 앞서가는 이의 뒤통수만 보고 쫓아가듯 흥청망청 비닐을 들어주면 된다. 그렇게 살짝만 비닐을 날리듯 들어주는 것만으로 그 면은 원래 자리를 찾아 저절로 사뿐히 접힌다. 그렇게 일단 기본 접기를 한 다음엔 사장님의 취향에 맞는 크기를 고민해야 한다. 종국에는 노란 고무줄로 한데 묶어 계산대 밑 수납공간에 밀어 넣어야 하기 때문에 이 공간의 길이를 고려해야 애꿎은 구박을 면할 수 있다. 이 부분에서 봉투에 새로운 길을 내주는 작업이 필요하다. 생각보다 많은 선택지가 있진 않다. 플리츠 스커트의 주름을 잡듯이 잘게 잘게 접는 것까지는 용인되지 않을 게 뻔하다. 그러니 그날의 기분에 따라 적당히 가로나 세로로 삼등분 혹은 이등분을 해주면 되는데, 이때 새로 접는 선들을 살짝 고정해주듯, 손끝으로 길을 내듯 눌러내면 걸리는 것 없이 손톱 밑 예민한 살결을 기분 좋게 자극하며 쭈우욱 미끄러지는 질감. 그것이 일품이다.

이 매끄러움을 더욱 깊게 느낄 기회는 한번 더 찾아온다. 낱장의 쓰레기봉투를 적당한 크기로 잘 접어낸 후에는 그 위에 검정색 볼펜으로 용량에 따라 '오십' 혹은 '칠십오'라고 이름을 적어준다. 이게 뭐 별거냐 애옹거릴 이들이 있을까 싶어 미리 일러두는데, 이토록 매끄러운 살결을 유지하는 동시에 주민들에게 찢어진다는 원망을 듣지 않을 정도로 질긴 표면을 만나는 일은 인생에서 그리 흔치 않다. 획마다 똥을 싸는 일개

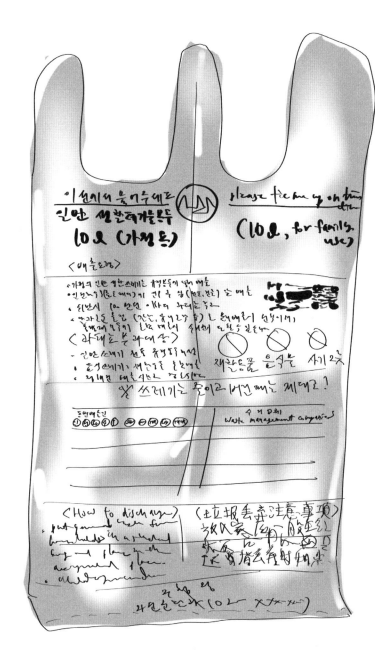

싸구려 볼펜이라 할지라도 일반 쓰레기봉투 위에서는 모두가 다 말 잘 듣고 야물딱진 새색시가 된다. 미끄러지는 볼펜 끝이 뽀오얀 일반 쓰레기봉투 살결을 한획 한획 거침없이 침범하여 이름을 새겨낼 때 나는, 그래, 앞으로 다 잘 될 거야, 같은 생각을 하게 되는 것이다.

간혹 부지런한 앞 타임 근무자가 대형 쓰레기봉투를 이미 남김없이 다 접어놓은 것을 보는 날에는 나도 모르게 어깨가 축 처진다. 편의점 일 전체를 통틀어 이만한 쾌감은 없기 때문이다. 이런 날엔 어쩔 수 없이 퇴근 전 나 자신을 위해 10리터, 5리터 봉투라도 구매해 집에 갈 수 밖에 없다. 이미 그날의 고된 노동에 지친 육신일지라도 집으로 돌아와 오간자° 같은 일반 쓰레기봉투들을 한올 한올 접어가며 이름을 적어주고 있으면, 그래, 그래도 나쁘지 않은 하루였어, 라는 말을 웅

° organza. 투명 실크의 일종. 내가 좋아하는 옷 재질 중 하나.

얼대게 되는 것이다. 그래도 역시 이왕 접을 것이라면 대형 봉투가 낫긴 하다. 오십, 칠십오 뭐 이 정도는 되어야 육체의 길이를 십분 활용해, 크게 크게 팔을 휘두르며 온몸으로 봉투를 접게 되기 때문에 그 다이내믹을 잔챙이 봉투들이 따라오는 건 불가능에 가깝다.

어쨌든 지금 여기 목포항 근처 편의점은 눅눅한 어둠 속에 잠겨 있다. 나는 낯선 곳에 와 너무 일찍 잠에서 깨어 아주 서울스러운 기대를 가지고 왔다가 된통 깨졌다. 그렇다. 세상에는 불 꺼진 편의점도 있다. 내가 확실히 봤다. 보고 있다. 그렇다면 영원히, 완전 그렇기만 한 것은 세상에 없다는 말이겠다. 여기서 이랬으니 저기서도 으레 다 그럴 것이란 법은 세상에 없다는 말이다. 나는 대단한 깨달음을 얻은 척하며 성과 없는 산보를 종료하고 숙소로 돌아간다. 조금의 헛된 순간도 걸음도 없었던 척한다. 모든 걸음걸음이 전부 의미였던 양 왔던 길을 후회없이 거슬러 되돌아간다.

도로 위에서

몸이 커진 느낌이 참 좋았다. 물론 커진 몸은 필연적으로 공간과의 관계를 익히는 동안 사방으로 생채기가 났다. 하지만 그런 순간마저도 나는 내가 아닌 나의 갑옷이 손상되는 것에 쾌감을 느꼈다. 맘껏 찌그러뜨려보렴, 그래봤자 나는 고철 안에 있단다.

우여곡절 끝에 따낸 운전면허,
평생 팔자에 없으리라 믿었던 자가용,

하지만 나는 그 모든 고난들을 잊고 자가용 생활에 금세 빠져들었다. 시공이 잘 된 화장실 바닥의 하수구 구멍으로 쪼옥 빨려 들어가는 비눗물처럼 나는 자가용 생활에 흠뻑 빠져들었던 것이다.

일생을 작은 거인으로 살았던 나는 자동차가 부여한 거창한 몸집이 무척 마음에 들었다. 비록 넘들이 보기에 여전히 하찮은 규모일지라도 나는 고속도로를 4인분 엉덩이의 부피로 달리고 있었기에, 적어도 표준 엉덩이 네개만큼은 몸이 불어난 느낌이 들었다. 이 상황이 주는 쾌감이 엄청났다. 이제는 적어도 꿈틀하는 지렁이가 될 수 있다. 그동안의 삶이 넘들의 발끝에 쉽게 으스러지고 차이는, 길 한가운데에서 부드러운 살결의 몸이 무참히 동강 나버리는 지렁이였다면, 그래도 이제는 넘들이 한번 치고 돌아는 볼 만한 경도와 부피는 가지게 된 것이었다. 내 육신은 수도 없이 어깨빵을 당하고도 억지로 양해해줘야 했지만, 적어도 내 차를 친 새끼들은 보험사에 일러바칠 수 있다. 물론 내 과실일 수도 있긴 하다.

차는 대기실이 없는 수많은 행사에서 아주 훌륭한 대기실 역할을 했다. 그래서 되도록 대중교통을 이용하라는 언질에도 나는 굳이 차를 끌고 나가 주차비를 내고 마는 사람이 되었다. 행사장에 등장하기도 전에 대중에게 닿는 비용과 주차비를 비교하면 그건 댈 것도 아니었다. 어떤 의미에서 이것은 넘들의 대기실 비용까지 이쪽에서 떠안게 된 것이긴 했으나, 그래도 나는 그 비용을 내고 정신과 육체를 준비시켜 대중을 맞는 쪽이 낫다는 걸 경험으로 알게 되었다.

코로나 팬데믹 한복판에 신차나 중고차 매물이 모두 부족하던 때에 구매한 자가용은 지난 2년여의 시간 동안 솜씨 발휘를 톡톡히 했다. 사자마자 난데없이 나대는 엔진 소리에 중고차 딜러와 전화로 긴 옥신각신을 벌여야 했고 조금 탔다 싶으면 각종 경고등이 사이키 조명처럼 돌아가면서 켜졌다. 친구라 생각했던 사람의 충격적인 이면을 알게 되어 정신이 차 바깥을 달리던 날에는 고속도로에서 급정거한 앞차를 기어코 들이받고 내 손으로 직접 차의 몇몇 기능을 영구히 사망시키기도 했다. 정리하면, 신차 가격을 들여가며 중고차를 몰았다는 얘기다. 하지만 그럼에도 그 모든 것은 낭비라기보다 통과의례에 가깝게 느껴졌다. 그렇게 느끼지 않으면 견딜 수 없기 때문에 그렇게 느끼기로 했다.

사랑한다. 여전히 사랑하고 있다. 비 오는 날 넘들이 서로에게 이리저리 치이면서 우산을 접었다 폈다 쥐었다 놓으며 대중—뭐라더라—교통을 탈 때, 비록 우산을 접으며 운전석에 타는 모양새가 많이 덜그럭거릴지라도, 나는 일상의 에너지 누수가 훨씬 줄었다고 느꼈다. 행사 직전까지 땀범벅이 되거나 온몸이 탈탈 털린 상태가 되지 않을 확률이 높아졌고, 행사가 끝나고 돌아오

는 길에 버스나 지하철에서까지 관객과 함께가 아니어도 된다는 것이 좋았다. 어쨌든 차에 타서 문을 탕 닫으면 행사는 종료되었고, 나의 업무도 거기서 끝이 났다.

앞으로도 오래 자가용 생활을 이어가고 싶다. 사람들이 마구 다니는 길 중간 어디에서든, 벽이 있는 나만의 의자를 펼쳐 사방에 노출되었던 나를 잠시 추슬러가며 살고 싶다. 내가 가진 가장 비싼 갑옷을 내 피부에 영원히 종속시키고 싶다.

몰에서

물건과 군중 속을
걷는 이유

성산대교를 건너려다 황급히 강변북로로 우회전을
하자, 뒷차가 신경질적인 빵 소리를 내며 아슬아슬 내
차의 뒤꽁무니를 비껴간다. 백미러를 보던 눈을 다시
얼른 정면으로 가져오며 속도 80을 맞춰본다. 아침부
터 몰에 가고 싶었다. 층층이 깊은 주차장을 가진, 동서
남북으로 각종 브랜드와 물건, 사람이 넓게 펼쳐져 있
는 몰에 반드시 가고 싶은 마음이 들었다. 꼭 필요한 일
이 아니면 갈 엄두조차 내지 않는 곳이 무척 가고 싶어

지는 욕망은 낯설었고, 참을 수 없이 실현시켜주고 싶었다.

운전대에 앉아서도 시시때때로 멍해지려는 순간이 찾아와 나는 시트에서 등을 떼어 꼿꼿이 세웠다. 더운 날씨의 주말, 도로엔 차도 사람도 몽땅 쏟아져나와 있었다. 나 같은 사람도 불필요하게 그 안에 껴들어가 있다. 어떤 급한 용무도 없이 주말 도로의 한구석을 뻔뻔히 차지한다.

입구를 찾아 몇번을 돌고 나서야 거대한 몰에 어울리지 않는 소박한 크기의 지하주차장으로 이어지는 구불길을 찾았다. 몰을 실컷 짓고 나니 아차차, 주차장! 하면서 욱여넣어 만든 듯한 모양새였다. 땅을 파내려가듯 돌고 돌아내려가 지하 6층에 이르러서야 주차할 틈이 보였다.

몰에서 마련해두신 세개의 엘리베이터 앞에서 어정쩡한 위치를 잡아 어느쪽이 먼저 도착하든 재빨리 속

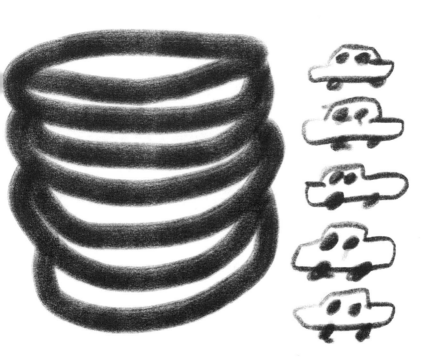

할 수 있도록 준비한다. 제일 먼저 도착한 엘리베이터에 몇몇 남녀 커플과 함께 안정적으로 탑승하고 나자, 약속처럼 여자들이 각각의 남자에게 매달리듯 착 몸을 기댄다. 모양은 저마다 달랐으나 너무나 동시적인 움직임이라 나는 혼자 안무를 까먹은 아마추어 댄서가 된다.

패스트 패션 산업의 중심 브랜드들을 하나씩 탐험해나간다. 사람들이 버글버글하지만 몰의 거대함으로 인해 여전히 서로를 위한 적당한 거리가 유지된다. 빽빽하게 걸려 있는 옷들에 날렵하게 손을 뻗어 촤아 — 촤아 — 소리가 나게 검수하듯 옷걸이들의 어깨를 넘긴다. 어떤 색과 디자인, 혹은 조합을 만나면 잠깐 멈칫하지만, 보통은 곧바로 촤아 — 촤아 — 책을 넘기듯 옷을 보고 또 본다. 흥미로운 패턴을 발견하면 옷걸이를 통째로 뺀 후, 팔을 쭉 뻗어 전체를 한번 사라락 보고 다시 제자리에 착 둔다. 요즘 사람들은 이런 옷을 입는구나 생각한다. 잠깐 통로로 나와 주위를 둘러보면 아주 많은 사람들의 손이 옷을 잡았다, 놓았다 하는 것이 보인다. 옷감에는 보이지 않는 지문들이 덕지덕지 올라붙어 있을 것이다.

옷 네벌 정도를 옷걸이째로 서빙하듯 팔에 걸고 피팅룸으로 간다. 하얗고 매끈한 피팅룸 바닥에 진회색의 먼지들이 머리카락에 붙어 길게 굴러다닌다. 모두가 그것을 못 본 척하고 있다. 두꺼운 커튼을 여러번 당겨 틈 없이 닫았더니 비로소 간이 프라이버시가 완성되었다. 나는 거울과 한 팀이 되어 옷에 대한 빠른 감상과 독자적 판단을 이어간다. 입어본 옷 전부를 다시 피팅룸 스태프에게 갖다주자 그는 그럴 줄 알았다는 표정으로 익숙하게 받아든다. 나는 또 옷들에게로 간다.

여름 바캉스 룩의 과감한 패턴과 현란한 컬러를 보는 것이 좋다. 그리고 이렇게 펼쳐져 있는 사람들 사이에서 아무 의미 없는 군중1이라는 것이 좋다. 나는 좀

비처럼 멍한 눈동자로 물건과 사람 사이를 누비며 휘적휘적 걷는 것이 좋다. 아침부터 이어졌던 강렬한 욕망은 이 휘적임을 위한 것이었던 듯하다.

그때 몰 한가운데 홀에서 뜻 모를 사물놀이패 공연이 벌어지고 그곳으로 사람들이 몰려간다. 나는 누구와도 부딪히지 않은 채 여전히 휘휘 걷고 걸어낸다. 나는 아마 지금 무척 슬프다. 반드시 도망쳐내야 할 관계가 있었고, 그것도 일종의 이별이라 잔가지 같은 부수숭한 감정들이 혈관 마디마디마다 걸려 있는 듯하다. 몸 안의 피가 그 마디마디를 만날 때마다 꿀러엉 꿀러엉 하고 힘겹게 흐르는 느낌이 든다. 자꾸 코가 매워지려 하자 나는 서둘러 다시 아래로 아래로 내려간다. 사진 찍어둔 주차 자리를 찾아, 매캐한 이물질이 그득한 주차장 공기를 가르며 내 차에게로 간다. 이대로 잠시 한숨 돌리고도 싶지만 그러기엔 너무 큰 슬픔이라 얼른 집에 들어가 웅크려야 한다.

몰에 오길 잘했다. 꼭 몰에 있어야 했다. 집에 돌아오자 그제서야 눈물이 나기 시작했다. 이제서야 충격과 이별이 몸 밖으로 비어져 나온다.

울산 남목도서관에서

'이반지하 반대'에
부딪히다°

"작가님, 강연이 취소됐습니다."

"아, 그건 차별인데요."

"네, 맞습니다."

"아, 알고 계시는군요."

° 2023년 7월 15일 울산 남목도서관에서 진행하기로 되어 있던 작가 이반지하의 강연
은 갑작스레 취소되었다. 일부 울산 시민사회단체가 '퀴어'가 부적절한 소재라며 도서관
에 민원을 넣었기 때문이다. 이반지하를 지지하는 이들이 이에 항의한 결과 강연은 예정
대로 다시 열리게 되었으나 도서관 측은 이반지하에게 '퀴어, 젠더, 동성애'를 뺀 강연을
중립적인 타협안처럼 요구했다. 이반지하는 이를 받아들이기로 결단을 내린 뒤, 애초에
요청받았던 『이웃집 퀴어 이반지하』의 저자 특별 강연을 「정상 가족 만들기」라는 퍼포먼
스로 재창조해 열연을 펼쳤다.

"작가님, 다시 하시게 됐습니다."

"아, 진짜요."

"작가님, 300명이 집회 신고를 했는데요."

"아, 네에."

"근데 퀴어, 젠더, 동성애는 꼭 빼고 강연을 해주십사 하는데요."

"아, 자신있습니다."

덥고 습한 대화가 여러번 오간 후 마침내.

고속열차에서 내리자 초록, 진초록이 눈앞과 콧속을 가득 채웠다. 장맛비에 더욱 진해진 초록 향에 순간 압도되어 모두가 빨리 떠나려는 그곳에 우뚝 섰다.

세로로 반듯이 적힌 표지판이 부드럽게 보였다. 지난 며칠간 얼마나 마음을 찌르던 두 글자였나. 나도 모르게 다이어리에 적힌 '울산'이라는 글자를 중심으로 일정을 정리하고 있었다. '울산'이라고 적힌 글자 앞뒤로는 빨간색으로 써야 하는 중요한 일정을 잡지 않았다. 그렇게 울산은 타타타 이어지는 강행군의 스케줄 속 방어진 안에 홀로 남겨졌다.

왠지 자신 없었다. 그 전날이나 그 전전날, 또 그다음 날, 그다음 다음날에 대단한 일정을 치를 자신 같은 것. 가장 불편한 일정은 이제 가장 중요한 일정이 되어 계획과 계획 사이를 가르는 중심이 되었다. 하지만 울산역에서 본 울산은 다른 글자 같았다. 동형이의어를 보는 느낌. 말이 아니고 마알(말ː), 벌이 아니고 버얼(벌ː) 그런 장난 같은 말 묶음들을 떠올렸다.

이라.

기어코 오고 말았다. 나를 반기는 이가 몇명인지는 모르지만 반기지 않는 이는 최소 300명이 있다는 도시에.

"시인라스테죠?"

그렇다고 하면 될 것을 나도 모르게 신라스테이 '울산점'이라 토를 달았고 택시기사는 별 대꾸 없이 출발했다. 울산에서 울산점이 아닌 곳에 가기라도 할 것처럼, 그러니까 '울산 대한민국점이요'처럼 군더더기투성이 말을, 나는 하고 있었다. 그렇게 울산에 속하지 않은 자의 촌티가 자연스럽게 흘러나왔다. 울산 밖에서만 울산을 본 티.

*

　어떤 마음은 다 쓴 다이어리를 부여잡고 있느라 새 다이어리를 시작할 수 없다. 진작 지난달부터 새 다이어리를 시작해야 한다는 것을 알고 있었다. 달력을 정리하고 중요한 일정도 새로 옮겨 적어 어떤 챕터를 새로 시작해야만 한다는 걸 알고 있었다. 빈 네모가 가득한 새 다이어리를 사둔지도 몇주가 지났다. 하지만 새 챕터를 넘길 힘이 없었다. 혹은 시작을 각오할 마음을 먹기가 힘들었다. 이번 달이 지나면 다음달이 있을 것이고, 다음달 다음엔 또다른 다음이 있다는, 지금과 이어진 미래를 구체적으로 손으로 써나가는 일에 거부감을 느꼈다. 다음 일정이나 계획, 혹은 계약을 묻는 사람들의 이야기에도 입은 뭐라뭐라 말을 하고 있었지만 속으로 그런 연장된 시간이나 미래를 믿고 있진 않았다. 뭘까. 그런 마음은. 어디에도 쓰여 있는 것을 본 적이 없는 마음이다. 그런 마음에도 이름이 있을까. 대단치 않은 이름이 있었으면 싶은 그 마음은 여전히 언어를 찾지 못한 채 감각으로만 남아 있다. 다이어리의 다음을 상상하기가 싫어 얼마 남지 않은 공간에 새로운 일정과 생각을 욱여넣고 있다.

다음.
다음이라니.

*

며칠째 폭음을 했다. 나의 폭음은 와인병 하나의 5분의 1도 비워내지 못한다. 하지만 내 몸은 몸의 80퍼센트가 알코올인 것처럼 느끼고 있었다. 술을 좋아하나 묻는다면 딱히. 정말 딱히 그렇지 않다. 하지만 먹지 않고는 뭔가가, 이를테면 하루 같은 것이 끝나는 느낌, 일단락된 느낌 같은 것을 갖기가 어려웠다.

시위하는 사람들 300명을 상상하며 그 앞에 선 내가 그들이 던진 벽돌에 머리를 맞는 상상을 했다. 벽돌은 생각보다 가볍게 날아와 무겁고 둔탁한 소리를 내며 내 머리, 아마도 옆통수와 뒤통수의 중간 정도를 푹 찍어내린 뒤 바닥에 떨어질 것이고, 나는 슬로우모션으로 피를 흘리며 옆으로 기우뚱 쓰러지기 시작한다. 바람을 맞는 갈대의 기울기로 기울어지겠으나 갈대처럼 일어나지 못하고 바닥에 다시 한번 머리를 쿡 찍는다. 그리고 나머지 몸뚱아리를 바닥에 부딪는다. 그 일에는 어떤 이름이 붙게 될까. 정의, 순교, 응징 혹은 드디어 마침내 인생 첫 휴식.

300명이란 숫자에 새삼 헛웃음이 나왔다. 쉼 없는 노동의 나라에서 굳이 토요일을 반납하고 이 불볕더위에

혹은 이 살벌한 빗속에 이반지하를 반대하기 위해 모이는 마음은 어떤 것일까. 아마도 연결, 믿음, 정의로운 마음, 절대 선(善).

　새벽 출근을 하던 시절, 나는 매일 아침 어떤 차든 와서 나를 쳐주길 바랐다. 버스를 타고 지하철을 타고 횡단보도를 걷는 그 모든 순간마다 불의의 사고가 나를 덮쳐 지금 이 출근을 정당하게 망쳐주길 바랐다. 그냥 갑자기 눈을 감았다 떴는데 응급실에 누워 있는 그런 것 말이다. 이런 비극에 출근 같은 것은 너무나 사소한 일이 되어 세상 모두가 내 휴식을 도모하는, 누구에게도 양해를 구하지 않아도 되는 일. 그런 일만이 이 출근을, 닥쳐올 수많은 출근들을 멈출 수 있을 것 같았다.

　강연장에 도착하자마자 벽돌에 머리를 맞길 바라고 있다, 나는. 이왕 이렇게 된 거, 그런 마음으로. 맞는 순간 조금 참고 강연을 할 수 있는 정도가 아닌, 누가 봐도 너무하고 누가 봐도 누가 나쁜지 명백한 공격에 희생된 완벽한 약자가 되고 싶다. 그리고 눈을 감았다 뜨면 더이상 그곳이 아닌 곳에 누워있는 거다. 누군가가 현장을 수습하고, 누군가가 나를 옮겼고, 누군가가 나를, 그러니까 내가 아닌 누군가가.

"이반지하님은 이제 대한민국에서 명실공히—" 어제였던가, 도착한 이메일에는 그런 말이 있었다. 명실공히. 그 명실공히는 지금 도서관 초청 강연을 앞두고 벽돌을 맞는 상상을 하고 있다. 계란이나 물벼락 같은 것으로는 안 되고, 순식간에 모든 상황을 정돈해버릴 벽돌이어야 한다. 머리가 팍 깨지고, 인파도 팍 깨지고, 인생도 삶도 팍 깨지고 나면, 얼마나 억지로 이 모든 것을 이어오고 있었는지 실감하게 되지 않을까. 얼마나 비상식적이고 부적절한 삶이었는가 하는 것 말이다.

*

경찰에 신고된 300명의 인파 중 많은 수가 바쁘신 일상으로 인해 미처 현장을 빛내주지 못하셨다. 누가 벽돌을 던질 사람인지 알 수 없는 강연장에는 아는 얼굴 몇명이 나보다 먼저 와 맨 앞자리에 앉아 있었다. 90분으로 예정된 강연은 30분 일찍 종료되었는데, 폭력 사태를 걱정한 경찰과 관계자분들이 시위대가 아닌 내가 강연을 일찍 끝내길 설득하러 왔기 때문이었다.

강연을 마치고 사서분들께 회냉면을 얻어먹은 후 바라본 바다의 쪼개지는 파도가 잘았다. 자잘자잘한 솟음과 꺼짐이 넘실대는 바다였다. 조잡스러워야 할 것 같은데 예뻐 보였다. 바보 같은 말인 걸 알면서도 "제주 바다하고도 인천 바다하고도 다르네요"라고 나는 말했다. 동해 바다가 처음은 아니었지만 나는 이 도시에, 이 바다가 있었다는 것을 잊지 않고자 했다.

공공도서관 3층
여자 화장실에서

두둑한 앞섶을 수색하다

평소처럼 산뜻하게 집을 나섰건만 한걸음 한걸음 내딛을 때마다 콕 집어 말할 수 없는 불편함이 분명 있었다. 처음엔 나도 모르는 사이에 살이 찐 건가 하는 생각이 들었다. 허리 디스크 수술 후 집에 누워 있는 시간이 늘었으니 체형이 변했다 해도 그리 놀라운 일은 아니었다. 하지만 거의 일주일째 같은 골덴 고무줄 바지를 입고 있는데 이렇게 갑자기 불편해질 수도 있나 하는 의구심이 들었다. 그러다 문득 내려다본 바지 앞섶이 평소와 달리 두둑한 것이 눈에 들어왔고, 나는 황급히 주위를 두리번거리기 시작했다. 아주 서둘러 고립된 사생활이 절실히 필요해졌다. 하지만 오래된 빌라가 굽이굽이 이어지는 주택가에, 골목마다 성실히 설치된 감시카메라의 도시에서 갑작스레 사생활을 확보할 방법은 언뜻 생각해도 요원했다.

이 앞섶의 두둑함이 그리 낯선 것은 아니었다. 짚이는 구석이 있었다. 일년에 한두번은 꼭 이렇게 앞섶이 두둑해지는 일이 생기곤 했기 때문이다. 내가 이 삶에서 발전시킨 다양한 생활 습관 중 넘들에게 쉬이 지탄받을 만한 것으로 외출 후 바지, 팬티, 양말을 한번에 벗어재끼는 원터치 기술이 있었다. 현관에서 신발을 벗자마자 외투를 먼저 벗어야 하는 계절이 아니라면 나는 사생활의 문지방을 넘자마자 아랫도리를 제일 먼저 해방시키곤 했다. 그날의 외부 노출을 마무리하는 세리머니라고도 할 수 있었고, 이제 이 공간엔 나뿐이라고 당당히 선언하는 짓거리기도 했다.

버클이든 지퍼든 단단히 붙들어 매놨던 사회적 체면을 단숨에 풀어헤치기 위해 양손 엄지를 허리춤에 꼽아넣어 바지를 쏙 내린다. 이 동작을 시행하는 데에는 세상 많은 일이 그렇듯 시작과 끝이 중요한데, 시작 지점에서는 양손 엄지를 바지와 팬티의 틈이 아니라 팬티와 맨살 사이에 꽂는 것이 중요하고, 끝 지점에서는 엄지와 집게손가락 사이에 걸린 바지와 팬티를 놓치지 않은 채 양말과 발목 틈에 이를 때까지 손가락을 집요하게 쑤셔넣어 마지막에 발을 한쪽씩 해방시켜야 한다. 그후 몸이 빠져나온 자리에 삼겹의 허물만이 남게 되면 기술은 완성되었다고 할 수 있다. 팬티의 다리 구멍 안쪽에 양말이 굽이굽이 접혀 있고, 그 구조 바깥을 더욱 더 굽이굽이한 바지가 감싸고 있다면 동작이 아주 잘 수행됐다고 할 수 있다. 이 동작의 아름다움은 그 목적이 오직 나의 해방, 스스로 주워 입긴 했으나 가릴

데는 반드시 가려줘야 하는 조건적 올가미와 같은 세상의 질서에서 내 육신을 깔끔하게 빼냈다는 쾌감 그 자체에만 있다. 이 기술은 옷 섬유의 보존 문제나 빨래를 위한 예비 단계 등 생활의 어느 부분에도 하등 도움되지 않는다. 그런 의미에서라면 제법 예술적인 행위라고도 할 수 있었다. 해방의 아름다움 말고는 어디에도 복무하지 않는 순수함, 이 원터치 해방 기술에는 그런 미덕이 있었던 것이다.

물론 이 기술은 전 생애에 걸쳐 비난받아왔다. 남이 뒤치다꺼리를 해줘야 했던 어린 시절에도 그랬고, 돌아볼 때마다 줄줄 새는 내 뒤를 봐줄 이를 도무지 찾아볼 수 없던 시절에도 그랬다. 원터치로 벗어놓은 모양새는 집 전체를 너저분하게 만들었고, 집안일을 시작하기 위한 마음을 먹기 힘들게 하는 큰 장벽이 되었으며, 평소 그렇게 사랑한다 말하는 옷이나 스타일에도 거친 주름을 만드는 등 좋지 않은 영향을 많이 미쳤다. 하지만 사십년 동안 그 짓거리를 그만둬버리지 못했다. 고립된 집구석에 들어서자마자 시작되는 원터치 홀딱쇼가 주는 쾌감을 뿌리치지 못한 것이 일생의 대부분, 즉 일상이었다. 다만 이 홀딱쇼의 유통 범위가 아주 철저히 고립된 오프라인이었던 덕에 나는 아직까지 넘들에게 제법 상식적인 인간인 양 행세할 수 있었다.

하지만 아찔한 순간이 없었던 것은 아니다. 일정이 바쁠 때면 여기저기 벗어둔 쾌감의 허물들 중 하나를 얼른 골라 입고 재빨리 멀쩡한 척을 해야 했기에 나의 비밀스런 사생활은 이따끔씩 외부에 전시될 수밖에 없었다. 인권과 평화를 논하는 중요한 회의 중에 불편한 종아리를 만지작거리다 레깅스 내부에 뭉쳐 있는 매끈한 팬티 섬유의 질감을 감지하고 그제서야 서둘러 외투로 다리를 덮은 적이 있었다. 길거리 쇼윈도에 비친 매끈해야 할 바지 옆선에 어제의 양말 하나가 차곡차곡 뭉쳐져 종양처럼 툭 자리하고 있던 적도 있었다.

그러므로 나는 두둑한 앞섶에 대해 합리적인 의심을 할 수밖에 없었다. 지금 내 가랑이에는 무언가가 있다. 그것은 어제나 그제의 양말일 수도, 또 팬티일 수도 있었다. 본의 아니게 조금 바빠진 일정을 핑계로 빨래를 미룬 지 한참이었기 때문에, 현관과 거실 바닥에 입체적으로 멈춰져 있던 겹겹의 아랫도리들 중 뭐가 나와도 놀랍지 않은 상황이었다. 집으로 돌아가기엔 애매한 좌표였기에 나는 서둘러 이 일을 정리할 만한, 그러니까 누구의 시선도 빼앗지 않은 채 내 사타구니를 충분히 더듬어볼 만한 장소가 시급했다.

건물 내부에 카메라가 설치되지 않았을 법한 낡은 빌라 하나가 눈에 들어왔다. 잠금장치가 없는 유리문을 열고 황급히 안쪽으로 몸을 밀어넣었다. 유리문을 등지고 계단을 눈앞에 둔 좁은 공간, 1층 같은 반지하 101호와, 2층 같은 1층 201호의 문이 동시에 보이는 자리에 적절히 자리를 잡고, 언제든 등 뒤에서 열릴 수 있는 유리문에 대해서는 다소 무방비한 상태로 황급히 바지 속에 오른손을 쑤셔 넣었다. 두둑한 원인을 찾아 빠르게 더듬거렸다. 눈앞에 있는 문들 중 하나가 갑자기 열려도 전혀 이상하지 않은 상황이었다. 걸리는 것이 양말이든 팬티든, 급기야 또다른 바지든 나는 무조건 밖으로 꺼내 확인할 심산이었다. 하지만 이런 긴박한 나의 마음을 아는지 모르는지 손에는 잡아올려지는 것이 없었다. 이제 영상 기온을 웃돌기 시작한 이 겨울의 끝자락에 즐겨 입던 두꺼운 골덴 바지의 안감 말고는 일관성 없이 끼어든 섬유의 질감은 느껴지지 않았다. 바지 안팎으로 사타구니를 여러번 빠르게 더듬은 나는 입장했을 때처럼 빠르게 유리문을 다시 열고 나섰다. 그리고 아주 보통 사람처럼 걷기 시작했다. 일단 그 자리는 떠야 한다는 생각이 있었다. 너무 빠르지는 않게, 그렇다고 너무 느리지도 않게, 상식적인 일반 사람의 걸음걸이를 출력해내며 나는 혼란한 머릿속을 가

다듬기 시작했다.

그렇다면 뭐였지, 그 이물감은.

아니, 아직도 분명 앞섶이 두둑한데.

있어서는 안 될 어떤 것도 없단 걸 철저히 확인했건만 나는 여전히 아랫도리의 무언가가 잘못되었음을 느끼고 있었다. 운 좋게도 엉덩이께를 덮는 외투를 입고 나온 참이라 표면적으로는 정상인 노릇을 이어갈 수 있었다. 하지만 마음 같아선 지금 이 길 한복판에서 바지 전체를 완전히 뒤집어 벗었다가 입고 싶은 마음이 굴뚝 같았다. 굴뚝은 곧 충동이 되어 지켜야 할 체면을 절벽으로 몰아세우고 있었다. 가장 근처에 있을 법한 공적인 건물을 떠올렸다. 나에게 작은 사생활을 무료로 제공해줄 만한 적당한 공공성을 가진 공간, 도서관이 있었다.

나도 모르게 새어나가고 있을지 모를 비밀스런 일상을 얼른 수습하고 싶은 마음에 보폭을 미세하게 넓히며 공공도서관으로 향했다. 뛸 듯이 걷거나 킥보드 같은 교통수단을 이용하는 방법도 있었으나, 뭔가가 새어나가고 있다고 인지한 입장에서는 섣부른 행동 하나가 예상치 못한 더 큰 망신으로 이어질까 두려웠기에 선뜻 그럴 맘이 들지 않았다. 혹 내가 찾지 못한 무언가가 사타구니에 걸려 있다면 절대로 함부로 속도를 높여 몸을 움직여대서는 안 된다. 그 정도의 상식이랄지, 물리 법칙이랄지는 여전히 기억하고 있었다.

도서관 로비에 도착해 침착하게 일반시민 여럿과 성중립 엘리베이터를 타고 층마다 있는 성분리 화장실 중 3층 여자 화장실을 선택했다. 1층 로비에 있는 화장실을 쓰는 건 왠지 다급한 볼일이 있다는 것을 너무 대외적으로 드러내는 것 같아 점잖지 못한 구석이 있었고, 2층은 엘리베이터까지 타고 올라가는 입장에서 조금 서운한 데가 있는 것 같아, 3층 정도가 딱 적당하다 싶었던 것이다.

역시 나와 같은 정상시민의 마음이란 다 엇비슷한 것일까. 마침내 당도한 도서관 1층도, 2층도 아닌 3층 여자 화장실은 왠지 다른 층보다 더 넓고 붐비는 듯한 느낌을 주었다. 상관없었다. 넘들과 나 사이를 가로막을 불투명 여닫이 문 하나만 주어진다면 문밖 사정은 곧바로 모른 척 할 수 있는 것이니까.

제일 구석 칸의 반쯤 열려 있는 문을 열고 본격 들어서기 전, 발끝을 쭈욱 뻗어 닫혀 있는 변기 뚜껑을 쓱 열어보자 위생이 제법 준수했다. 여시같이 발끝을 바로 쏙 빼자 변기 뚜껑이 꽝 소리를 내며 입을 닫았고 나도 그와 동시에 입장하며 문을 쾅 닫았다. 조급한 마음에 너무 문을 세게 닫아버려 이음새가 어긋난 듯한 감이 있었지만, 열리느냐 갇히느냐를 택해야 한다면 지금은 반드시 갇혀야 했다. 마침내 프라이버시를 손에 넣었다.

나는 조금 떨리는 마음으로 기마 자세를 했다. 지금 다리 사이에 있는 게 무엇이든 반드시 끝까지 직면해 낼 작정이었다. 양손 엄지손가락을 팬티와 바지 틈에 단단히 찔러 넣고 신속하게 원터치로 아랫도리를 내렸다. 조금 벌리고 있던 다리 탓에 바지는 딱 무릎까지만 적당히 내려가주었다. 허리 디스크가 허락한 만큼 고개를 숙여 가랑이 사이를 들여다봤다. 검정에 가까운 남색 골덴 바지 속에는 내 허연 허벅다리 두쪽 외에 아무것도 보이지 않았다. 나는 자유로운 두 손을 이용해 누구의 눈치도 보지 않고 샅샅이 아랫도리를 수색했다. 그 자리에 있어서는 안 될 어떤 엉뚱한 것도 보이거나 만져지지 않았다. 나는 그 상태로 잠시 생각에 잠겼다. 오랜만에 바깥바람을 쐰 아랫도리에 청량한 기운이 스몄다.

깨달으려는 존재가 으레 그러하듯 나는 바로 그 자

리에서 감각 이상과 정신병에 대해 깊게, 깊게 사유하기 시작했다. 물론 아랫도리는 아직도 시원하게 내려진 채였다. 근래의 나는 허리 디스크 통증과 수술을 거치며 감각이 나를 속이는 일에 제법 익숙해져 있던 참이었다. 또한 어린 시절부터 사그라든 적 없었던, 내 나라의 풍토병, 체중 강박에 대해서도 생각했다. 지금 나는 혹시 육체의 물리적 변화를 부정하려는 정신 자체와 싸우고 있는가.

보라.

자궁은 다수의 혹을 생산하면서도 감각에 어떤 기별도 주지 않았다.

그런가 하면 보라.

허리 디스크는 침대에 가만히 송장처럼 누워 있던 순간에도 종아리가 칼에 찔리고 있는 듯한 감각을 쉼없이 전했다.

그러니

보라.

몸보다 작아진 바지를 억지로 입고 다니던 며칠 동안 아무 불편을 전하지 않던 감각이, 어느날 갑자기 '아, 모르겠고 지금 당장 두둑한 앞섶과 이것저것을 해결하라!'라고 빽 소리를 지르고 있다?

이제사 놀라울 건 없었다.

어떤 감각이 실재를 반영하고, 또 어떤 감각은 눙치고 있는지를 판단할 길이 더이상 없어진 듯했다.

여기까지 생각이 미치자 주택가에서부터 시작된 긴박했던 마음이 조금 풀어지는 듯도 했다. 그래서였을까. 이왕 바지를 내린 김에 볼일도 보자는 생각이 들었다. 엉거주춤 다리 사이 간격을 좁힌 채 바짓단이 바닥에 끌리지 않도록 애쓰며 살짝 뒷걸음질을 쳐 위치를 잡았다. 공공화장실 특유의 비단같이 얇은 휴지도 정성스레 풀어내 변기에 깔았다.

위생을 담보한 후 철푸덕, 완전히 긴장을 풀며 변기에 주저앉았다. 긴박한 상황 속에 마려운지도 몰랐던 소변이 쪼로록 옹졸한 소리를 내며 몸 밖으로 빠져나갔다. 깊은 한숨이 나왔다. 그렇게 길게 뻗어나가던 숨의 끝자락을 마무리하고 다음 숨을 들이켜기 전, 몸에서 최대한 힘이 빠진 순간 자연스럽게 떨궈진 고개, 바로 눈앞에 흰색의 네모난 천 조각 하나가 눈에 띄었다. 골덴 바지의 브랜드 라벨이었다.

다시 한번 숨 하나를 깊게 들이켜 몸속에 갖고 있다가 한번에 푸하, 뿜어냈다. 눈도 한번 깊게 감았다가 떴다, 드디어.

나는 바로 두 발뒤꿈치를 비벼 신발을 벗고 변기에 무게중심을 둔 채 두 다리를 번갈아 들어 바지를 벗었다. 최대한 화장실 바닥에 있을 여러가지 친구들이 바지에 묻지 않도록, 성인만화에 나오는 성녀가 스타킹을 벗듯 손끝으로 한겹한겹 바지에 잔주름을 쌓으며 조심조심 다리로부터 바지를 해방시켜냈다. 그리고 양손 가득 압축된 바지를 들어 180도 회전시켰다. 하얀 라벨 천 조각이 엉덩이 쪽을 향해 있는 것을 신신당부 확인하고, 벗어낼 때와 마찬가지로 정성스레 바지를 한주름 한주름 손끝에서 놓아주며 양다리에 끼워 넣었다.

나는 입장하던 때와 전혀 다른 사람이 되어 공공도서관 3층 여자 화장실을 빠져나온다. 비교할 수 없이 가벼워진 몸과 마음을 하고 있다. 이제 육체는 또—옥바른 감각 정보를 전달한다. 앞섶은 더이상 두둑하지 않다. 걸을 때마다 가랑이를 은근히 맴돌던 섬유의 감각도 사라진 채다. 세상에 잡힐지도 모를 꼬투리는 이제 더이상 없다. 나는 허리를 곧게 펴고 당당한 걸음걸음을 내딛을 수 있다. 모든 것이 제자리를 찾았다.

기왕지사 이렇게 된 김에 책도 빌려가자는 생각이 들었다. 화장실 앞 열람실에 들어서자 전세 낸 것마냥

너른 책상에 책 몇권씩을 펴고 독서에 몰두해 있는 시민들이 자리마다 가득한 것을 볼 수 있었다. 얼마나 다행스러운 일인가. 이곳에 속한 지금 이 순간만큼은 이 신구(新舊)의 조합이 엉망인 가구들과 길고 높다란 서가, 여러칸의 화장실까지 모두 당신들 것이라는 게. 수많은 당신들 모두가 내 가랑이가 아닌 책을 보고 있었다는 게. 나 역시 당신들의 아랫도리 사정을 모르는 채 내가 고른 책이나 볼 것이라는 게.

눈앞에 펼쳐진 우리 시민들의 모습이 너무 쾌적하여 마음이 촉촉해졌다.

그러나 동시에 화장실 불법촬영 범죄에 대한 걷잡을 수 없는 분노가 치밀어올랐다. 우리 각자에겐 유통되어선 안 될 순간이 있고, 지켜야 쾌적한 체면이 있으며, 그렇게 보호된 서로의 존재로 인해 평생 꿈도 못 꿔볼 이런 공공시설을 십시일반 이룩해낼 수 있는 것이다!

나는 급작스럽게 끓어오른 분노를 삭이기 위해 열람실 입구에 비치된 손소독제를 꾹 짜서 털 듯이 찹찹 발라본다. 이 땅에서 화장실 불법촬영이 제대로 처벌받기 전까지는 도서관 3층 남자 화장실을 쓰기로 마음먹는다. 참으로 불가피한 일이 아닐 수 없다. 나는 이제 배낭에 달린 키링들이 쨍그랑 소리를 내지 않도록 처언천히 걸으며 산뜻한 간격을 가진 우리의 공간으로 입장, 또 입장한다. 나의 이야기는 우리의 공간에서 쫓겨나는 추세라 더욱 누려보고 싶은 것들이 아직 많이 있다. 아직 나에겐 꺼내야 할 두둑한 이야기가 많이 있다.

서울시의회에서

2024년 4월 26일 서울 학생인권조례가 폐지됐단 소식을 들었다. 12년 만이라고 했다. 입이 썼다. 2011년 겨울, 성소수 애들이 며칠 동안 점거농성을 해서 얻어 낸 조례였지만 폐지는 너무나 쉽게, 소문도 크게 나지 않은 채 이루어졌다. 넘들 입장에선 감히 한국 청소년에게 성적 취향이 있다거나, 그들이 임신, 출산을 하고도 학교에 나올 수 있다는 것은 아무래도 받아들이기 힘든 일이었던 모양이다. 너무 윗분들의 권한을 옥죄는 듯 여겨진 모양이었다. 애초부터 조국 상황에 걸맞지 않은 너무 진일보한 제도였는지도 모른다. 그래도 폐지되기까지 12년을 버텨준 덕에 어떤 목숨들을 구했을지도 모른다. 이 땅에서 청소년이 인간으로 살아남기는 정말 쉽지 않은 것이다.

시작은 훨씬 더 전이었지만, 작년부터 유난히 화제가 된 장애인 일당들이 있었다. 지하철을 타는 일반 시민들의 출근길을 방해하는 '나쁜 장애인'들이 있었다. 나는 그들이 경찰분들과 동료시민분들께 핍박받는 모습을 자주 찾아보곤 했다. 나쁜 장애인 우두머리와 한 유명 정치인의 대면 토론을 실시간으로 고통스럽게 지켜보기도 했다. 그만 보고 싶은 순간이 너무나 많았는데, 눈과 귀에 배부르게 쌓인 모욕이 역방향으로 터져나올 것 같을 때까지 꾸역꾸역 그 모습을 보고 또 보고 말았다.

정치인은 일반시민의 안녕을 방해하는 나쁜 장애인

들의 우두머리를 거침없이 몰아세웠다. 휠체어를 탄 우두머리는 일반 의자에 앉은 정치인보다 낮은 높이에 있었기 때문에, 정치인의 비리디 비린 말들이 우수수── 한번도 사정권을 벗어나지 않고 정확히 그의 면전에 내리꽂혔다. 말 하나를 겨우 소화시키기도 전에 다음 비린 말들이 쉴 틈 없이 쏟아져나왔으므로, 방송을 보던 나는 어떤 말도 기억할 수가 없었다. 끊임없이 명치를 얻어맞으며 상온에 오래 방치된 개불을 억지로 삼켜내는 듯한 감각만이 기억처럼 몸에 남았다. 하지만 나쁜 장애인 우두머리는 한시간이 넘게 진행되는 정치인의 매서운 담금질에도 끝까지 정신을 잃지 않고 자리를 지켰다. 평소에 얼마나 좋은 걸 먹고 다니길래 그럴 수 있는 것일까. 정말 나쁜 장애인임이 틀림없었다.

그에 비해 성소수들은 아직 착한 편인 것 같다. 성소수들은 아직 사랑이라는 종교를 믿는, 다만 문란한 옷을 일년에 하루 이틀 정도 공개적으로 입거나 벗어서 문제가 되는 애들 같다. 하지만 그렇게 하지 않으면 넘들이 알아볼 수도 없기 때문에 5월에서 7월 사이°에만 바짝 사회적으로 제어하면 관리가 되는 듯도 하다. 물론 사시사철 성소수들이 엄청 나쁘다, 악마다 말하는 종교인들도 있긴 하지만, 사실 부자나 빨갱이를 고발할 수 없게 된 시대에 새로운 아이템을 찾은 것에 가까워 보인다.

2011년 12월, 학생인권조례 제정을 위해 서울시의회 로비를 성소수들이 점거했을 때, 나는 이제 애네가 진짜 나빠질라구 한다고 생각했다. 무단 점거 같은 과격한 행동 방식을 '성소수'의 이름으로 택했다는 것이 낯설고 새로웠다. 나중에 알게 된 사실이지만, 이때 성소수보다 나쁜 짓에 관록이 깊은 나쁜 장애인들이 점거 농성이 처음인 성소수들에게 많은 도움을 주었다고 들

° 매년 이때 퀴어퍼레이드를 비롯한 다양한 행사가 열린다. 일반 시민 입장에서 조금 겁이 날 수도 있지만 너무 걱정할 필요는 없다. 다행히 많은 성소수들이 이때 잠깐 행복하다가 급격히 원래대로 불행해지기 때문이다.

었다. 그 당시의 나는 뭘 하고 있었더라. 일단 나는 불편한 잠자리나 시위 같은 걸 기피하는, 평생 치사스러운 예술가였기 때문에 상황을 예의 주시만 하고 있다가 결과가 발표되는 날 특별 공연에 참석했다.

행사 장소에 기타와 의상, 소품들을 가지고 도착하자 넓지 않은 로비에 진을 치고 있는 익숙한 얼굴들이 보였다. 이것저것 어설픈 구호들이 붙은 얼어붙을듯 차가운 벽 아래에는 그만큼이나 차가울 바닥에 돗자리를 깔고 앉은, 두꺼운 옷을 둘둘 껴입은 꾀죄죄한 애들이 삼삼오오 모여 떠들고 있었다. 어제도 그제도 봤음직한, 이 바닥에서 툭하면 보게 되는, 그렇고 그런 얼굴들이었다.

나는 1층 화장실에서 공연 의상을 갈아입었다. 12월의 한복판, 정말 추운 밤이었다. 하지만 한여름용 레몬색 민소매 블라우스를 무대 의상으로 골랐다. 맨정신이라면 절대 택하지 않을 옷이었겠지만 '이반지하'라는 인물은 이런 한파에, 이런 옷을 입고 공연을 할 거란 생각이 있었다. 예술가로 사는 시간보다 아르바이트생으로 사는 시간이 훨씬 긴 나날을 보내고 있었기에, 무대에 오르기 전 내가 '예술가 이반지하'라는 사실을 스스로에게도 납득시켜야 했다. 변기에 앉아 악보에 적힌 노래 가사를 한번 더 확인했다. 반주 음원이 없던 시절이었기에, 알바한 시간만큼 굳어 있는 손가락을 기타 줄에 올려 공연 중에 연주할 코드들을 빠르게 뚜루 뚜루 짚어보았다.

이윽고 건물 위층 어딘가에서 진행된 윗분들의 자리에서 학생인권조례가 통과됐다는 소식이 전해졌다. 로비의 모두가 일제히 고함을 지르며 기뻐하는 소리가 들렸다. 이제 곧 로비에서 문화제가 시작될 예정이니 공연 준비를 하라는 얘기도 들려왔다. 나는 겉에 두르듯이 입고 있던 패딩 점퍼를 한쪽에 모셔놓고, 현관에서 들어오는 차가운 바람을 온몸으로 맞으며 내 이름이 불리기를 기다렸다.

　이때 알게 된 나쁜 성소수의 특징은 여러가지가 있겠으나 무엇보다 말이 많다는 것이 가장 악독한 부분이었다. 점거 농성 후 빛나는 성과를 맞이한 나쁜 성소수 우두머리들은 번갈아 마이크를 쥐고 존나, 존나 길게 좋은 말을 이어갔다. 이들은 언제나 그렇듯 이런 자리에 공연 하나쯤 있어야지, 라는 생각만 할 줄 알았지 공연자를 인간 같은 걸로 생각하지 않았다. 대기 시간이 길어짐에 따라 닭살이 오르던 팔은 점점 무감각한 지경에 이르렀고, 사각 팬티 밑으로 뻗어나온 다리는 성능 좋은 바이브레이터처럼 쉬지 않고 덜덜거렸다. 끝없이 옳고 바른 말들이 이어지는 광경을 현관 근처에서 함께 보고 있던 내 주변 애들은 안타까운 눈빛으로 나와 발언자를 번갈아 보며 어쩔 줄 몰라 했지만, 승리에 도취된 나쁜 성소수들은 아랑곳하지 않고 지가 하고 싶은 말들을 실컷 쏟아내길 멈추지 않았다.

마침내 내 차례가 왔다. 이때 나는 처음으로 무대에서 내 신체가 가진 인간성을 실감할 수 있었다. 몸이 아주 안 좋을 때에도 일단 무대에 서면 어느정도는 쓰러져가는 육체를 정신력으로 이끌어갈 수가 있는 나였다. 무대 자아라는 것은 그렇게 항상 불가사의한 구석이 있었다. 무대를 마치고 나서는 극도로 각성된 몸 위로 극심한 피로가 쏟아지지만, 무대 위에서는 피가 날 정도로 어딘가를 다쳐도 아프다는 감각을 느끼지 못할 때가 많았다. 그래서 나는 그날도 공연과 무대의 열기가 나를 살려주리라 믿었던 것이다.

하지만 혹독한 추위에 장시간 노출된 몸은 완전히 굳어 있었다. 관객과 단차 하나 없이 앰프 하나만 덜렁 있는 건물 로비 무대일지라도 '공연'이라는 상황에선 항상 신체가 특수한 에너지를 내주었건만, 그날은 전신의 감각신경세포가 돌연 전면 파업에 들어간 듯했다. 소리를 내야할 성대의 근육도, 버릇처럼 움직여줘야 할 기타 줄 위의 손가락도 뻣뻣이 굳어 원하는 소리를 내지 못했다. 물론 공연을 하랍시고 던져준 앰프도 매우 존나 구렸지만, 무대에 오른 이상 어거지로라도 이 공연을 마쳐내야만 했다.

히트곡이 있다는 것은 얼마나 큰 자산인지. 그날 이 반지하라는 존재를 처음 영접했거나 그의 노래를 처음 들은 성소수들도 있었지만, 아는 이들은 함께 노래를 불러주었고 나도 제정신이 아닌 몸과 마음으로 할 수 있는 만큼의 퍼포먼스를 어쨌든 해내고 있었다. 세 번째 노래 정도를 부르던 무렵, 학생인권조례를 제정한 윗분들이 내려와 인상을 찡그린 채 로비를 가로질러 퇴근하기 시작했다. 그리고 그들 중 하나가 노래 중간에 끼어들어 "이제 좀 가십쇼. 여러분이 원하는 대로 다 됐지 않습니까"라며 해도 너무한다는 말투로 우리를 꾸짖었다.

나는 무척 놀랐다. 공연 중이었기에 크게 개의치 않

는 듯 노래를 이어갔지만, 이보다 더 거지 같은 무대에서도 당해보지 않은 일이었다. 얼마나 이 모든 우리가 우스워 보였으면 노래를 하는 중간에 끼어들어 가르치듯 저런 소릴 하는 걸까. 그리고 마치 철없는 어린아이를 어르듯, 니네가 모르는 예의를 한수 가르쳐주겠다는 그 말투. 사람들이 공연 중에 왜 그러냐며 너도나도 항의했지만, 그는 이후에도 몇마디 말을 더 이어가며 원하는 대로 다 해줬는데 이런다는 말을 여러번 반복한 뒤에야 건물 밖으로 사라졌다. 그는 어떻게 그럴 수 있었을까. 그의 눈에 성소수들은 아직 너무 착해 보였던 걸까. 그는 왜 이렇게나 모여 있는 우리에게 위협을 느끼지 않았을까. 성소수가 던지는 벽돌에 머리를 맞을 수도 있다는 상상은 안 해봤겠지.

그날의 공연은 아무리 강력한 무대 자아라 할지라도 맨몸으로 강추위를 이겨낼 순 없다는 걸 깨닫게 했고, 이따위 환경에선 절대로 다시는 공연하지 말자는 결심을 더욱 굳건하게 했다. 당시의 상세한 장면들은 사실 이제 잘 기억나지 않는다. 혀가 굳을 만큼 추웠던 것, 존나 말이 많지만 충분히 나쁘지는 못했던 성소수들, 한창 공연이 이루어지는 중간에 함부로 껴들줄 알았던 높고 높았던 당신의 얼굴, 그런 것들만 기억하고 있다. 벌써 10년이 넘은 일이기 때문이다.

서울 학생인권조례가 폐지된 날 저녁, 친구들과 잠시 그때 얘기를 나누었다. 2011년 처음으로 대놓고 '성소수'의 이름으로 본격 단체 행동을 해본 애들이었기에, 3년 뒤 차별금지법 제정을 위한 서울시청 점거도 결의할 수 있지 않았나, 나는 생각했다. 그때 서울시의회 로비 바닥에서 공기놀이를 하고 되도 않는 타로카드를 서로 봐주며 점거 농성을 해봤기 때문에, 그 짓거리를 서울시청에서도 또 할 수 있지 않았나 하는 것이다. 그래서 더욱 학생인권조례 폐지가 뼈아프게 다가온다. 만들기는 너무 어렵고 품이 들지만, 없애는 일은 어쩜 이토록 산뜻하도록 순식간인지.

그러니 성소수는 필히 앞으로 더 나빠져야 할 것이다. 나쁜 성소수는 어디든 가야만 할 것이다. 나쁜 장애인과 나쁜 성소수가 판을 쳐야 진짜 나쁘고 비린 것들이 비로소 숨겨왔던 자기소개를 시작하기 때문이다.

가수의 장례식에서

살면서 많은 대중이 추모하는 장례식에 가본 건 손에 꼽는다. 전 대통령의 장례, 가수의 장례, 국가가 내동댕이친 죽음들의 장례 정도가 생각난다. 갈까 말까 하다가 날짜를 놓쳐 가지 못해 지금까지도 후회하고 있는 장례는 어느 소설가의 장례다. 지금 갑자기 얘기하고 싶은 것은 한 가수의 장례다.

중고등학교 시절 나는 음악 없이, 라디오 없이 살지 못했다. 분명 나에게 엄청나게 불리한 가사일 것이 분

명했으나 소리의 질감과 멜로디, 비트만을 취하며 각
종 메탈과 하드코어록 같은 음악에 몰입했다. 쎈 음악
이 좋았고, 그것이 진짜라고 믿었다. 당시 내가 비디오
테이프와 MTV, 라디오와 CD로 경험한 진짜 음악을
하는 사람들은 99.9퍼센트가 백인 남자였다. 나는 크면
백인 남자 밴드의 백인 남자 보컬이 될 거라고 생각했
다. 왜냐하면 음… 글쎄, 그게 아니면 어떻게 진짜 록을
할 수 있겠나. 그래서 그것은 당시 꽤 논리적인 꿈이었
다고 할 수 있다. 게다가 나는 목소리가 제법 낮고 두꺼
운 편이니 그런 꿈을 꿀 자격도 있었던 것이다.

당시 내가 생각했던, 국산 중의 진짜, 쿨, 힙 이런 것
은 신해철이었다. 신해철이란 이름을 입에 올리면 묘
하게 부끄러워진다. 뜨거운 열이 목과 얼굴의 경계로
올라온다. 철 지난 힙은 그런 것이기 때문이다. 하지만
인정할 건 하는 게 좋다. 나는 신해철을 좋아했고, 그를
그나마 백인 남자보다는 조금 닿기 쉬운 록스타로 여

겼다.

　신해철만큼 나이가 든 후 되돌아본 그 시절의 그는 지금 기준으로 보면 뜨악한 발언도 많이 했고, 객기에 취한 행동이나 겉멋 든 제스처도 숱하게 했다. 그럼에도 그는 자기 말을 하는 사람이었다. 스무살이 지나 서른살이 됐을 무렵엔 어디 가서 굳이 신해철을 입에 올리지 않게 되었지만, 그가 어딘가에서 자신의 생각을 펼쳤단 얘길 들으면 찾아 듣곤 했다. 그러니까 그는 들을 법한 말을 하는 사람이었다. 각종 의미 없고 치레뿐인 말들이 난무할 때, 그래도 그가 하는 얘기는 사람들을 멈춰 세우는 구석이 있었다. 발화자로서 그에게 나는 어떤 신뢰를 가지고 있었다. 그가 하는 말은 들어봄 직하다, 내 생각과 다르든, 전혀 틀리든 그가 하는 이야기에는 알맹이가 있었다. 그것이 내가 신해철에게 가진 신뢰였고, 나는 그런 신뢰가 그렇게 드문 일인지도 모른 채 스치듯 누렸다.

그런 그가 갑자기 죽어버렸을 때, 나는 그 장례엔 가야 한다 생각했다. 그에게 빚이 있었다. 그는 누구도 나를 키워주지 않던 특정 시기의 나를 자라게 해주었다. 그것은 확실한 빚이었고, 흔들리지 않는 사실이었다.

병원 장례식장에서 울고 있던 사람들과 길게 선 행렬을 기억한다. 사람이 너무 많았기 때문에 다섯 명 정도가 한꺼번에 절을 하며 그와의 마지막 순간을 누렸다. 팬클럽 회장이겠거니 싶은 누군가가 상주처럼 "자, 이제 마지막으로 인사합시다"라고 구령을 하면 그 말에 맞추어 다같이 절이나 기도를 하고, 국화꽃을 올리거나 향을 피우고 자리를 떴다.

항상 미디어에서만 보던 사람이었기에 영정 사진은 큰 감흥을 주지 못했다. 여기까지 왔지만 여기 어딘가에 그가 죽어 누워 있다는 사실 역시 현실감이 없었다. 하지만 지하철과 버스를 한참 타고 찾아가 그 사진 앞에라도 절을 해야 할 의무가 나에게는 있었다. 누구도 부양해주지 않던 내 삶의 어떤 순간을 그의 목소리가 지탱해준 때가 분명 있었다. 아무도 묻지 않았지만 계속해서 이 장례식까지 올 수 밖에 없었던 이유를 혼자 조목조목 생각해냈다. 빠순이 소릴 들을까 무서워 병원 근처에선 울지 않으려 노력했다. 지하철과 버스를 거듭 갈아타고 조금 휘청거리며 집으로 돌아왔다.

영웅. 말이 거창하지만 크고 작은 기대와 믿음을 압착해 영웅이란 말로 줄여 써본다. 살면서 참 많은 영웅을 잃었다. 그것은 희망의 밀도가 낮아지는 일이기도 했다. 누구도 우러러보며 살지 않으려 했지만 그 욕망 자체가 없는 것은 아니었다. 내 미래를 비춰볼 이들이 무척 적었기 때문에 누군가를 우러러보고 싶은 욕망은 그만큼 더 끈적해졌는지도 모른다. 가장 질척거리는 감정을 가진 주제에 가장 쿨하게 손절하는 척을 자주 했다. 하지만 매번 상처였다. 영웅이 죽도록 마누라를 패고 있었을 때, 영웅이 동성애는 나중이라고 했을 때,

영웅이 오랜 시간 비서를 강간했을 때, 영웅이 버텨주지 않고 스스로 죽어버렸을 때, 영웅이 모두 사라졌을 때. 매번 처음부터 그 정도로 기대했던 것은 아닌 척 쏟아져버린 마음들을 엎질러진 물처럼 주워 담았다. 존경이 이렇게 비싸고 깨지기 쉬운 건지는 몰랐다.

*

올 초 내 유튜브 방송 채널에 누군가가 신해철 얘기를 댓글로 달았다. 내 방송이 그를 떠올리게 한다고 했다. 아주 오랫동안 잊고 있던 이름이었다. 그의 목소리가 생산해낸 잊힌 소속감이 다시 떠올랐다. 그런 일방적인 소리에도 소속이 만들어진다는 게 새삼 신기했다. 이번에도 어김없이 신해철이란 이름 세 글자를 보자마자 약간의 열이 올라오긴 했다. 철 지난 힙은 뜨거운 공기가 되어 몸속에 저장되어 있었다. 잠시 어쩔 줄 모르다가 고맙다는 댓글을 답으로 달았다. 나도 그의 방송을 들었고, 기억한다고 썼던 것 같다. 훨씬 더 긴 말이 떠올랐는데, 거기에 쓰지는 못했다. 열을 식히듯 등을 바닥에 대고 누웠다.

　나는 무엇을 만들려고 했더라. 이 모든 것은 다 뭣 때문이었더라.

야구장에서

일반°적 야구 사랑

    한국 프로야구 관중은 전통적으로 거친 팬덤이었다
는 학습효과로 인해 화까지 낼 상황이 아님에도 맘껏
허리띠를 풀고 화를 내는지도 모른다. 10개 구단 야구
팬들은 이기나 지나 항상 화가 나 있단 얘기를 그저 밈
처럼 여긴 적도 있었으나, 그들의 일부가 되고 보니 이

° 一般. 보통, 보편, 기본값, 기본 전제, 다수, 헤테로라는 의미. 헤테로가 뭔지는 아까 앞
에서 설명했다(63면 각주 '헤테로 정상사회' 참고). '일반'이 아니라는 뜻을 가진 '이반
(異般, 二般)'이란 단어도 있는데, 조금 민감한 단어라 이 책에선 부러 설명을 이어가진
않기로 한다.

뜨끈뜨끈한 분노는 아주 선명한 실체가 있는 것이었다.

30대에 서울로 올라온 대구 부치(이하 대부)는 웬만한 일에는 계집애처럼 토라지거나 쌩을 내지 않는, 넉넉한 인품을 가진 인물로 알려져 있었다. 그러나 야구장에서 만난 그는 여타의 야구팬들과 마찬가지로 공 하나, 잔바람 하나에도 거칠게 흔들리는 사춘기인 동시에 난데없이 열이 펄펄 끓는 지독한 갱년기 그 자체였다.

공중에 뜬 공 하나에 쌍욕과 물개 박수가 겹쳐져 하나에 가깝게 터져나온다. 세이프라 생각했던 플레이가 아웃으로 판명 나면 수초 전까지만 해도 장중한 구단 응원가를 워워워워 부르던 사람들이 곧바로 이럴 줄 알았다며 갖은 욕설과 저주를 잠시 미치도록 사랑했던 세상과, 팀과, 선수에게 퍼붓는다. 야구장이란 공간은 사회적 동물이 평소 잘 제어하고 있던 내면의 무언가를 거침없이 수면 위로 끌어올리는 기능을 가진 듯했다.

야구는 변수가 많은 게임이라고들 했다. 사실 야구

뿐 아니라 실기 위주의 모든 예체능은 그런 식이다. 매일 변모하는 육체를 적정 레벨로 꾸준히 유지하며 낯선 곳에서 기량 테스트를 받는 속성은 비슷들하다. 하지만 야구가 날고 기는 선수 한명으로 승패를 바꾸기 힘든 팀 스포츠라는 것, 점점 더 극단적으로 변해가는 대한민국 날씨를 정면으로 감당해야 하는 야외 스포츠라는 것, 1년에 144번이나 되는 경기를 수천명의 관중 속에서 치러내야 하는 길고 깊은 압박감에, 마지막의 마지막이 될 때까지 막판 뒤집기 승부가 가능한 점까지, 이런 것들 때문인지 야구를 말할 땐 유독 운이나 변수 얘기가 많이 나오는 것 같았다.

허나,

그럼에도 불구하고,

내 팀이 야구를 잘해버린다 상상해보라.

이런 예측 불가능한 환경과 조건에도 불구,

내 팀이 승기를 자꾸만 거머쥔다고 상상해보란 말이다.

그런 순간이 되면 평생 숱한 배신을 때려왔던 온 세상과 내 동포들 전부가 내 편인 듯한 착각이 드는 것이다. 미술관이나 영화관과는 댈 수도 없는 어마어마한 숫자의 관중들과 한편이라는 든든함과, 시시각각 바뀌는 바람의 방향이나 환절기 날벌레마저 승리의 재료로 빚어내며 선전하는 우리 팀을 보노라면 하늘마저 우리 편이란 생각을 하지 않기가 어렵다.

이런 게 바로 **일반** 아닐까.

내가 상상하고 계획한 대로 규칙이, 경기가, 인생이 흘러가주는 것.

나와 같은 편이, 나와 같은 꿈을 꾸는 이가

압도적으로 많다는 시각적·청각적 확인.

의심할 건더기 없는 절대 다수가

'우리'라는 느낌.

내 옆자리도 앞자리도 내 뒷뒷옆자리도 우리 편이
다. 우리 팀 선수들은 너무도 강하다. 지고 있어도 질
것 같지가 않다. 이길 팀은 반드시 이긴다. 왜? 그것이
바로 **일반**이라는 개념이다.

"변수? 그것도 실력이야."

작년 겨울, 우리 팀의 한국시리즈 우승 후, 자애로운
동시에 객관적인 마음으로, 페라리에 타듯 경차 운전
석에 몸을 밀어넣으며 나는 소리내어 읊조렸다. 글쎄,
뭐 지는 팀들도 나름의 사정이 있겠지만 어쩌겠는가.
뭐가 됐든 우리 팀이 하나라도 더 잘했겠지. 뭐, 그런
거 아니겠는가.

그래서였을까.

기대해마지않던 우리 팀이 올 시즌 초장부터 실책에 실책을 거듭하며, 공수가 손을 잡고 함께 무너지는 모습을 여러번 보고도

계속해서 현실을 받아들이려 하지 않았던 것은.

"이거 팀잽이° 하고 바로 우쌍하더만 증신 몬 차렸네. 야구 원래 그른 기라."

30하고도 7년간 야구팬으로 살아온 대부는 충격에 빠진 내 모습을 보고 한수 일러주듯 말했다.

"왕조가 쉬운 게 아이라카이."

° 돌잡이 같은 개념이다. 10개 구단 중 어느 팀의 팬이 될 것인지 첫 선택을 한 것을 의미한다. 하지만 날 때부터 팀이 정해져 있었다고 믿는 늙은 야구팬들은 팀을 '선택'했다는 것 자체를 경멸하기도 한다.

과거 여러 차례 한국시리즈 우승을 거두며 '왕조'라 불리던 대부의 팀은 최근 몇년간의 부진을 딛고 이번 시즌 누구도 예상치 못한 연승을 달리고 있었다. 이에 한껏 어깨가 올라가버린 대부였다. 그는 이미 **일반**의 얼굴을 하고 있었다.

작년 우승 이후와, 올 시즌 시작 전 사이에 우리 팀에 무슨 일이 있었는지 정확하게는 알 수 없다. 주전 선수 몇명의 크고 작은 부상과 이적 여파가 있을 것은 예상했다. 하지만 그렇다고 팀 전력이 바로 이렇게 무너져버린다는 게 보면서도 믿기지 않았다. 분명 이기는 것밖에 모르던 작년의 그 똑같은 얼굴들이 올해는 왜 이토록 힘을 못 쓰는 건지 이해할 수가 없었다. 아니, 이해하고 싶지 않았다. 그런 걸 이해하는 것은 너무 포용적이고 대안적인 행위였다. 이겨야 한다. 이기는 것이 기본이다. 그것이 **일반**이란 말이다. 이대로는 너무,

너무나 가혹하다. 야구마저 **일반**이 아니라는 것은 일상을 견딜 비(非)**일반적** 힘을 잃는 것과 다름없었다. 이기는 편이 우리 편 진짜 맞고, 우리 편이라면 반드시 이겨야 한다.

야구의 입장은 어떨지 몰라도, 적어도 야구장에서의 나는 주로 **일반**일 수 있었다. 야구장에서만큼은 탄력 넘치는 고기능 남성 육체에 나 자신을 이입, 다수의 대중 여러분과 몰려 앉아 세를 과시하며, 우리만 아는 주전 선수의 응원가를 목 놓아 부르며 초 단위로 일희일비해대는 것에 한점 부끄러움이 없었다. 그저 눈앞에 벌어지는 경기에만 눈을 고정하고, 나를 둘러싼 우리 팀 전체를 소리의 양감으로 느끼는 매 순간은 완벽했다. 너무 자세히 보면 우리 안의 차이가 느껴질 수도 있으니까, 치어리더분들의 세세한 젠더 같은 게 신경 쓰일 수도 있으니까, 누가 누구와 헤테로 교미를 하는 사정 같은 건 키스 타임에 화장실에 다녀오면 되는 거니까, 웬만하면 경기에만 집중하며 소리를 지르는 것만으로 야구장에 온 보람은 언제나 있었던 것이다. 그러니까, 이길 때 말이다.

올 시즌 부진한 우리 팀을 보며, 매 경기마다 '질 수도 있다' 혹은 '질 가능성이 높다'는 생각이 들기 시작하자 야구를 챙겨보는 열정은 자연스럽게 조금씩, 치사스럽게 사그라들기 시작했다. 여기서 우리 팀이 이걸 해내준다면 정말 좋겠지만, 그건 너무 만화 같은 일이겠지? 하고 기대해보는 승리의 도파민은 **일반**에게만 허락된 것이었다. 그리고 나는 점점 **일반성**을 잃어가는 것만 같았다.

여전히 오늘의 날씨를 확인하듯 경기 시간을 체크하고, 일상의 중간중간 휴대폰 메시지를 확인하듯 경기 스코어를 체크하는 짓거리는 이어가고 있다. 그러나 작년의 그 **일반적** 감각을 다시 느낄 수 있을까, 하는 생각이 들면 고개는 스르르 떨궈진다. 여전히 야구장엔 우리 편이 있을 것이고, 우리만 아는 응원가를 노래방처럼 불러대겠지만, 만의 하나 우리 팀이 진다면 그건, 그건 좀 그렇다. 그러니까 지는 팀을 응원할 수밖에 없는 마음은 일상으로 충분한 것이다. 야구장 정도의 비일상에서라면 **일반적** 경험에 대한 기대를 하지 않을 수 없다. 그것을 위해 좋은 자리에 돈을 투자하고 시간을 내 현장까지 가는 것이다.

이제 올 시즌 야구는 겨우 3분의 1 정도가 지났다. **일반**이 되지 못한 마음은 한올 한올 착실히 쌓여 거대한 분노 덩어리, 화(火)로 수렴되기 시작했다. 남은 일정 동안 얼마나 엎치락뒤치락 순위표가 요동칠지는 알 수 없다. 하지만 이미 내 야구 마음은, 나의 **일반**은 너덜너덜하다.

저렇게 막말을 해, 하며 교양 없는 야구팬들을 흉보던 작년의 내 모습은 이제 없다. 야구팬에겐 야구팬만의 교양이 따로 있음을 알아간다. 운전대 앞에서만 다른 인격이 튀어나오는 운전자들이 있듯 야구장에서만 다른 인격을 드러내는 야구팬들이 있음을 이해한다. 물론 잘못된 일이다. 그래서는 안 되는 일일 것이다. 하지만 그거 알고 있나? 그렇다면 야구도 그래서는 안 된다. 야구 쪽에서 먼저 잘해줬으면 됐을 일 아닌가. 물론 그렇다고 그렇게까지 그렇게, 막 이렇게 해서는 안 된다. 하지만 그렇게까지 할 수 있는 것이 바로 **일반**이다. 좀 그렇고 그런 짓거리라도 여럿이 하면 넘어가주는 것이 **일반적** 인지상정 아니겠는가.

나의 **일반적** 야구 사랑은 한동안 계속될 전망이다. **일반**은 끈질기며 사그라들지 않는 것이며 넘들 앞에 드러내길 부끄러워하지 않는 것이기 때문이다. 물론 대단히 합법이기도 하고 말이다.

유튜브 속에서

성공한 야구선수의 아내

그녀의 남편은 성공한 야구선수다. 좀 잘된 정도가
아니라 어마어마하게 성공한 야구선수다. 온 세상 물
건과 소일거리들의 축소판과 같은 건물을 집으로 갖고
있을 만큼 성공한 인생이다. 그가 한창이던 시절엔 아
주 가끔씩, 수줍은 정도 선에서만 매스컴에 출연하던
아내였지만 마침내 남편이 은퇴할 즈음이 되자 아내는
이제 막 기지개를 켜는 모양새를 갖추었다. 유튜브를
시작한 것이다. 안 그래도 남 부러울 것 없는 처지에 부

유튜브 속에서 | **235**

러 대놓고 부러울 거리들을 내놓을 이유는 없겠으나, 그렇게 가벼운 마음으로 시작하는 유튜브라는 것이야말로 요즘 시대에 가장 적절한 부자 노릇인 점도 인정할 수밖에 없는 부분이었다.

하나씩 채워가는 영상들이 제법 야무진 구석이 있었다. 어마무시한 집구석을 넘들에게 구경시켜주되, 값비싼 물건들을 사사롭게 늘어놔 전시하지 않았다. 가도 가도 끝이 없을 것 같은 통로와 열어도 열어도 또 나오는 문들을 선물 포장처럼 열어젖히는 식으로 그들이 사는 삶의 구조 자체에, 그걸 보는 입들이 떡 벌어지게 했다. 여느 유튜버들처럼 스킨케어 루틴을 공개한다며 공들인 세수와 눌러 닦는 타월질을 방금 깐 달걀 같은 얼굴로 보여주긴 했지만, 남편 덕에 워낙 다양한 제품들을 받아쓴다며 특정 제품을 제일로 꼽지 않아 구경하는 마음들을 동동거리게 할 줄도 알았다. 빠지면 서운한 일상 브이로그에는 조금 지루해질 참마다 감초처럼 야구선수 남편이 튀어나와 아내에게 키스를 하고 화면 밖으로 사라졌다. 자식들은 또 얼마나 잘 키워냈는지. 야구선수 아빠를 빼닮은 다부진 덩치들이 공기만 먹어도 든든할 듯 보였고, 아이들의 나이와 키 높이 순서마저 똑떨어지게 맞아 형제 간의 크고 작은 싸움도 없을 듯했다. 아이들은 주말이면 야구선수의 특별 레슨이랄까, 그 유명한 가족과의 시간이랄까를 누리며 놀 듯이 운동했고, 다시 한주가 시작되어 또래들을 만나면 여느 아이들보다 한두뼘씩 월등해져 있었다. 야구선수의 아내는 아이들이 배우는 갖가지 기술과 취향들의 곁에 서서 시종일관 환한 얼굴로 그들을 데려다주고 데려오며, 기다림 같은 응원을 아끼지 않았다. 야구선수는 시즌 중에도 툭하면 아내에게 전화를 걸어 조금 모자란가 싶을 정도로 칭얼대거나 사랑하길 반복했고, 아내는 언제든 그의 어미가, 영양가가, 또 안 아픈 회초리가 되어 국가 같은 거대한 집의 중심을 잡아내고 있었다.

야구선수의 아내를 구경하는 것은 생각보다 훨씬 중독성 있는 일이었다. 대단한 정봇값도 없는 영상들을 나는 하염없이 보고 또 보며 내가 살지 못한 생 속에 나를 넣었다 뺐다를 반복했다. 남몰래 한입에 털어넣듯 그의 인생을 훔치고 싶을 정도로 샘이 나는 순간도 있었다. 왜냐면 그들의 인생에 고생은 이제 끝난 듯 보였기 때문이었다. 타지에서 야구선수로 살아남기 위해 남편과 애썼던 하루하루와 고생고생들은 분명 뼈에 사무치도록 힘든 시절이었겠으나, 중요한 것은 그것이 이미 '시절'이라는 데에 있었다. 삶마다 정해진 양의 고생이 있다고 한다면, 유튜브로 본 야구선수 아내의 삶은 확실히 그 분량을 다 채운 것처럼 보였다.

그래서 나는 오늘도 깊은 내면의 입맛을 다시며 성공한 야구선수의 아내를 본다. 되어본다. 얼마나 맛있을까. 고생이 끝난 인생이란. 주렁주렁한 그의 자식들마저 알알이 축복으로 보일 뿐이다. 구독자들의 질문에 답을 한다는 가장 최근 영상을 보니 물색없는 누군가가 유튜브를 왜 하느냐고 물었나보다. 야구선수의 아내는 약간 샐쭉한 얼굴로 하면 안 되나요, 하며 시청자들을 안 아프게 살짝 꼬집은 후 외지에서 다섯이나 되는 아이들을 혼자 키우며 얼마나 육아 정보가 고팠는지 몰랐다 했다. 그래서 그때의 자신처럼 남편을 따라 멀리 나와 자식 키우는 법을 배울 곳 없는 이들을 위해 이 유튜브를 시작했노라 했다. 절로 고개가 끄덕여졌다. 정말로 이 세상에 꼭 필요한 콘텐츠다.

나는 오늘도 그녀의 업데이트를 기다린다. 고통 없이 누릴 것만 남은 삶을 구경하기 위해 목을 뺀다. 그런 삶이 어딘가에 있을 거라는 희망을 깨고 싶지 않아 버둥댄다. 그리고 남몰래 그녀 얼굴 위에 내 얼굴을 살포시 겹쳐본다. 야구선수 남편과 나의 얼굴 합도 괜시리 그냥 한번 맞춰본다. 합만 맞춰보려 떠올렸던 내 얼굴이 거기서 멈추지 못하고 자연스레 야구선수의 얼굴 위에 겹쳐진다. 흠, 역시 이쪽이려나. 하지만 밑에 깔린 그의 얼굴은 그가 했을 고생을 떠올리게 한다. 물론 그의 아내도 그만큼 고생했겠지만 그건 세상이 많이 보여주지 않았으니까. 역시 아내 쪽이 좋다. 성공한 야구선수의 아내, 그녀를 보는 것이 좋다.

머물다

쿠라쿠치노. 그 화려한 이름.

이렇게 화려한 이름을 가진 음료가 세상에 있다는 걸 처음 알게 해준 곳, 교복을 입고 갈 수 있는 가장 고급스럽고 어른 같은 곳, 그곳이 으타벅스였다. 방학 때 미국에 다녀온 애들은 직원보다 능숙하게 주문을 할 줄 알았고, 나도 곧 메뉴에 써 있지 않은 세세한 옵션들을 더하거나 빼며 복잡한 주문을 할 수 있게 됐다. 쿠라쿠치노를 능숙하게 주문할 때만큼은 스무살, 완전 어른이 된 것 같았다.

바닐라, 크림, 더블— 다 맛있는 말들이었지만, 쿠라쿠치노를 따라갈 순 없었다. 의미를 알 수 없는 적당히 긴 영단어들이 그렇듯, 무척이나 이국적이고 세련된 소리였다. 커피나 녹차가루 등의 메인 재료와 얼음이 입안에서 따로 놀지 않게 잘 갈아내고, 마지막에 꾸덕한 크림을 올린 것을 쿠라쿠치노라고 불렀다. 밥 한끼 정도 혹은 그 이상의 가격이었지만, 매번 그럴 만하다고 생각했다. 밥보다 훨씬, 말도 안 되게 맛있었으니까.

돔 형태의 일회용 컵 뚜껑이 감당할 수 있는 최대치의 크림을 올린, 서로 다른 쿠라쿠치노를 하나씩 쪽쪽 빨며 친구들과 깔깔대고 있으면,

"그런 걸 먹으니까 여드름이 나지."

라는 소릴 하는 모르는 어른을 만날 수 있었다.

"그런 걸 먹으니까 살이 찌는 거야."

소리도 물론 들었다.

하지만 십여년 묵은 내 작은 세상에 그 크림만큼 부드러운 것은 더이상 남아 있지 않다는 걸 그들은 몰랐다. 그런 순간마다, 얼굴에 열이 확 오르고 순식간에 죽고 싶어지는 바로 그런 순간마다, 대꾸할 말이 준비되어 있는 적은 없었다. 어른들의 비웃음이 지나간 자리에서 쿠라쿠치노에 꽂혀 있는 초록색 빨대를 한번 쪽— 깊게 빨았다. 머리가 아찔하게 시원했다. 다시 친구들과 깔깔거렸다. 여드름 걱정도, 살 걱정도 들었다. 하지만 또 한번 빨대를 쪽— 빨아 내용물을 꿀떡꿀떡 삼켰다. 뚜껑을 열어 빨대로 파박파박 크림을 퍼먹었다. 어떻게 이렇게 부드럽고 달콤한 게 이 세상에 있을 수 있는 걸까.

쿠라쿠치노에 대한 열정은 여름마다 돌아오는 것이

었지만, 으타벅스에 정을 붙이게 된 이유는 그뿐만이 아니었다. 방과 후 어느날 친구가 좋은 팁을 알려준다며 주문도 하지 않은 채 반납대에 비치되어 있는 우유를 컵에 쪼로록 담아 먹고는 의기양양하게 웃었다. 충격이었다. 이런 게 공짜라니. 딱 미국처럼 통이 크다는 생각이 들었다. 역시 으타벅스야! 별로 먹고 싶지 않았지만 나도 괜히 한컵 우유를 따라 마셨다. 계산대에 있는 직원 어른이 우릴 보며 인상을 찌푸리는 것 같았지만 상관없었다. 우리는 손님이니까 그래도 괜찮았다.

으타벅스는 절대 우릴 내쫓지 않았다. 노래방이나 포켓볼처럼 할 거 다 했으면 나가야 하는 제한 같은 게 없었다. 가장 싼 숏 사이즈 커피 한잔이나 생수 한병만 시키면, 몇시간을 머물러도 뭐라 하는 사람이 한명도 없었다. 그래서 나는 가족과 학교에서 얻어맞은 마음을 으타벅스에 앉아 마구 쓰고 그릴 수 있었다. 몇시간을 그리고 있어도 아무도 눈치 같은 걸 주지 않았다. 한참을 종이의 양면이 올록볼록해지도록, 분노가 그득한 필압으로 다이어리 몇장을 채우고 나면 살 것 같은 기분이 조금 들었다. 죽이고 싶은 사람이 너무 많았다. 그들을 어떻게 죽일지로 시작해서 나는 어떻게 죽을지로 수렴되는 이야기를 쓰다보면 아무도 죽이지 않고 집에 돌아갈 수 있었다. 다시 공부도 잘하고 그림도 잘 그리는 교복 충전재 같은 것으로 돌아가, 누구도 증오하지 않고 누구도 원망하지 않으며 대학만 생각하는 척할 수 있었다. 으타벅스에 다녀오면 금세 착해졌다. 대학만 가면, 지금부터 일이년만 지나면 이런 마음을 느끼지 않게 될 거라고 생각했다. 그런 면에서는 어른들을 믿었다. 다 지나가는 시기라고 들었다.

시간은 지나갔지만 마음은 머물렀다. 다행인 건 으타벅스 역시 머물다 못해 확장했다는 사실이었다. 거의 유일하다고 느꼈던 동네 으타벅스 매장은 순식간에 서울 전역으로 세를 늘리며 퍼져나갔다. 어느새 으

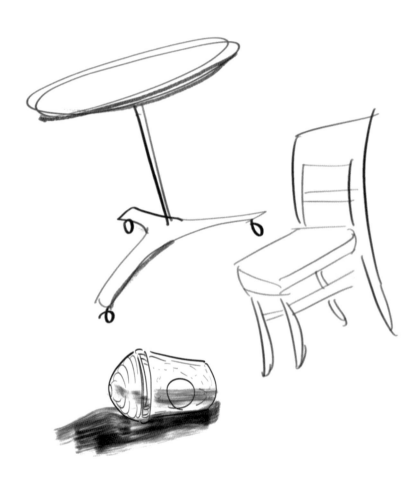

타벅스는 젊은이들의 고급 커피 문화로 자리 잡아가는 듯했다. 혹은 배부르고 팔자 좋은 여자들의 대명사가 되었다.

된장녀의 조건에 으타벅스가 들어간 걸 알았을 때, 어느 장단에 맞출지 난감해졌다. 내 장단은 너무 공격에 취약한 것 같았다. 여자를 분류하는 말은 이미 세상에 차고 넘쳐 익숙했지만, 으타벅스가 함유된 '된장녀'라는 말은 나를 조금 움찔하게 하는 구석이 있었다. 인터넷과 사람들이 말하는 으타벅스가 낯설었다. 하지만 으타벅스를 가지 않을 수가 있나, 다른 사람들에겐 으타벅스가 없어도 괜찮은 건가 하는 생각을 했다.

으타벅스만큼 당신을 내버려두는 곳이 당신들에겐 있는가. 어중되고 속하지 못한 마음을 내버려두는 곳은 집에도 학교에도, 하다 못해 한강공원 벤치에도, 어디에도 없던데. 나는 걸음마다 쉬었다 갈 곳이 필요하던데. 아무나 앉아도 되는 빈 테이블과 의자는 생각보다 흔한 것이 아니던데.

국산과 외제 프랜차이즈 커피 브랜드들이 우후죽순 늘어나고 핸드드립이나 직접 로스팅을 한다는 개인 카페들도 늘어나면서 으타벅스는 훨씬 평범해져버렸다. 독보적이라 생각했던 쿠라쿠치노마저 경쟁사들이 엇비슷한 음료들을 차례로 선보이면서 그렇게 새롭거나 획기적으로 보이지 않게 됐다. 하지만 여전히 으타벅스는 대도시와 중심 상권의 표식이다.

정작 이제는 으타벅스를 잘 안 가게 되었지만, 여전히 나는 으타벅스와 비슷한 이곳저곳에 터져버린 마음을 위탁하며 살아간다. 으타벅스가 들여놓은 버릇은 오랜 세월을 견뎠다. 아직도 빈 의자와 빈 테이블에 앉으면 다이어리를 가장 먼저 편다. 쓰고 그리고 쓰고 그리다보면 조금 살 것 같다는 착각이 든다. 그 조금을 믿고, 터진 마음 그대로를 통째로 안고 살아갈 결심 같은 것을 해볼 수 있다.

낯선 곳에 당도해 어중간하고 마땅치 않은 순간이 오면 근처 으타벅스를 검색하고 안심한다. 오케이. 너무 견디기 힘들어지면 갈 곳이 있다. 애매한 순간들을 필연처럼 치고 들어오는 성공한 프랜차이즈, 매번 기대를 저버리지 않고 한결같이 뻔하며 지겹도록 쾌적하다.

며칠 전 오랜만에 먹어본 그린티 쿠라쿠치노는 역시나 기억만큼 강렬하게 달콤하지 않았다. 솜씨 좋게 쌓아올린 휘핑크림은 무척 부드럽고 느끼해서 먹다 말았다. 전혀 새롭거나 신선하지 않았다. 그래, 알지. 바로 이 맛. 하지만 여전히 쿠라쿠치노만큼 기똥찬 이름은 없다고 생각한다. 키읔 두번에 치읓까지 있어 소리가 밖으로 탁탁 터져 나오는 데다가 얽힌 모음들이 으아우이오 아주 우악스러워, 놀고 있던 입 근육을 고루 충족시켜준다.

다 쓸 만하면 꼭 어딘가에서 선물로 주는 으타벅스 커피 쿠폰이 아직 몇개 휴대폰 사진첩에 적금처럼 남아 있다. 잊을 만하면 또 가게 될 것이다.

교복을 입고 갔었던 그때 그 으타벅스를 가볼 마음
은 딱히 들지 않는다. 어떤 마음은 그곳에, 그때 그 모
습 그대로 늘어붙어 있을 것만 같다. 하지만 그곳과 그
리 다르지 않을 으타벅스들이 이미 전국에 퍼져 있다.
그러니까 그동안 나는 매번 조금씩 그때 그 마음들을
방문하며, 여러 지점에 조금씩 새로 의탁할 마음들을
나누어 덧바르며 살아왔을 것이다.

으타벅스와 비슷한 공간이 많아진 듯 보이는 요즘,
요즘의 얻어터진 마음들은 어디에 기대고 있을까.

나는 문득 궁금해진다.
하지만 예전에도, 또 여전히 지금도 전혀 알 수 없다.
그런 마음들의 사정이란.

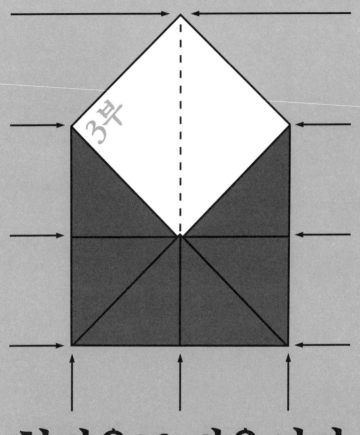

3부

헛걸음도 걸음이다

진짜 웨딩홀에서

진짜 결혼식 사회를 보다

결혼식 섭외를 받기 시작한 것은 최근 이삼년의 일이다. 법적으로 아무 의미가 없는 동성결혼식에 하객으로, 초대 가수로, 사회자로, 무엇보다 '이반지하'로서 참석해주길 요청받곤 했다. 하지만 나는 **논리①** 더이상 성소수 사회의 쌍쌍 문화와 사랑 타령에 감동받지 않는 차가운 심장과 마른 눈을 가졌기에 웬만한 사랑 이야기에는 마음이 동하지 않았다. 또한 **논리②** 최저임금 문제나 성별정정 이슈와 달리 동성결혼 같은 건 성소수 중에서도 좀 살 만한 애들의 이슈 아닌가 생각했다. 그리고 무엇보다 **논리③** 성소수 결혼식은 노동의 대가를 돈보다 마음으로 주려는 경향성을 띄었다. 그러므로, **결론** 대부분 거절했다.

하지만 지난 겨울, 네다섯달 뒤에 있을 결혼식 사회를 봐달라는 팬의 메일을 받았을 때는, 시간을 오래 끌지도 않고 바로 하겠다는 답을 보냈다. 날짜와 돈이 맞았기 때문이었다. 거의 곧바로 감사와 영광 같은 말이 절절히 담긴 헤테로 예비 신부의 답장을 받았고, 내가 저지른 이 신속한 일 처리에 잠시 생각의 시간을 가졌다. 나, 혹시 지금 차별 같은 거 했나.

나에게 헤테로 결혼식이란 뭘까. 가장 먼저 떠오르는 건 연말마다 뒤엎이는 보도블록을 하염없이 바라보는 일. 너무 오랜 전통과 반복 속에 왜? 라는 의문은 의미가 없다 못해 공허. 그냥 할 만한가보지, 하는 생각. 대놓고 만연한 헤테로 결혼식은 무관심한 만큼 가볍게, 행사나 뛰자, 하는 마음으로 제시된 숫자에 집중할 수 있다. 끝.

그에 반해 성소수 결혼식을 생각하면 여러모로 마음이 복잡해진다. 그냥저냥한 행사라기보다 입장을 표명하는 일 같이 느껴진다. 지금 이 결혼식을 하는 게 왜 중요한지 무고한 당사자들이 나를 설득해주길 바라게 된다. 여러 성소수 이슈들이 똑똑 끊어낼 수 있는 개별적인 것이라 생각하진 않지만, 그중 내게 더 와닿거나 와닿지 않는 것들이 있는 것도 사실이기 때문에! 근데 생각해보니! 왜 그냥 오롯이 숫자만 봐주질 않았는가?!

아, 좀 부당한가.
나는 아마도 부당하게 성소수를 차별해왔다.

하지만 지금 이 순간만큼은 눈앞으로 다가와버린 헤

테로 결혼식 사회에 일단 집중해보자. 성소수들은, 음, 일단 기다려보라. 일단 돈을 벌고 있어보라.

*

헤테로 결혼식이 2주 앞으로 다가왔을 무렵에야 장소가 부산이란 걸 알게 되었다. 이미 의뢰 메일 첫줄에 써 있는 내용이었지만, 웬만한 지역은 다 '서울'이라고 인식하는 뇌의 습관적 오류로 인해 뒤늦게 사실을 인지하고 부랴부랴 KTX를 예약했다. 오전에 기차를 타고 내려가 오후에 행사, 그후 맛집 한두군데를 들리고 올라오면 딱 되겠다 싶었다. 그런데 새삼 결혼식 장소가 **웨딩홀**이라는 게 낯설었다. 그러니까 어느 시민단체의 몇번 회의실이나 홍대나 이태원 어느 바, 그런 게 아니라 웨딩홀이었던 것이다. 사실 이 지점에서 나는 좀 정신을 차렸어야 하지 않나 싶기도 한데, 차릴 정신의 원형 자체가 없던 것도 사실이었다.

내가 마지막으로 가본 헤테로 결혼식은 발레학원 선생님의 결혼이었던 것 같다. 최소 15년 전이었다. 어쩌면 이토록 헤테로 결혼식에 안 다닐 수가 있었나. 부산으로 가는 KTX에서 잠시 생각해보니, 나는 일로 아는 누구의 결혼식에 가야 할 만큼 친분이 쌓일 만한 정규직에 고용된 적이 거의 없었다. 또 그랬다 한들 '결혼주의에 반대합니다' 같은 모호한 말을 당돌하게 하는 20대를 보냈으며, 가족이 없으니 그쪽으로 초대될 결혼식도 없었던 셈이었다. 내 주변엔 정상사회가 온 힘으로 반대하는 동성결혼에 심드렁한 호모들이 헤테로보다 더 많았고, 주변 헤테로들은 섹스는 어찌어찌 하는 모양이었지만 결혼은 잘 하지 않았다. 그러면 좀 대안적이게 되는 모양이었다.

택시기사님이 이름만 듣고도 내려준 웨딩홀은 부산 시내 번화가의 아주 큰 건물 맨 꼭대기에 위치해 있었다. 건물 앞에 서서, 오오 이런 곳에서 결혼이란 걸 하는구나, 잠시 배움의 시간을 가진 뒤 투명 유리문을 자신있게 열어젖히려고 했으나 자동으로 열렸다. 중앙 엘리베이터가 있는 홀 쪽으로 착착 걸어가자 거대한 알림판 같은 것이 우뚝 서 있었는데, 거기에는 아침부터 저녁까지 열리는 결혼식 일정이 빼곡히 적혀 있었다. 각양각색의 신부, 신랑의 이름이 군, 양, 군, 양으로써 있었고, 어디에 필요한 정보인진 모르겠지만 장녀인지 차녀인지도 적혀 있었다. 외동의 경우는 쓸 말이 없어서인지 그냥 아랫도리로만 아들, 딸로 분류하여 표기하는 듯했다. '군' 자 옆의 두칸에는 부와 모의 이름, '양' 자의 옆 칸에도 부와 모의 이름이 꽉 차게 정리되어 들어가 있었다. 빈칸이 한두개 있을 법도 한데 전혀 찾을 수가 없었다.

이게 바로 말로만 듣던 결혼식이구나.

나는 인터넷에서만 보고 들은 이야기의 실체를 확인하고 잠시 감개무량해졌다. 각각의 결혼은 1시간 단위로 빈틈없이 알뜰하게 계획되어 있었다. 하루에 다 치르기엔 너무 많은 새 출발들 아닐까. 숨 막히는 밀도에 감탄이 절로 나왔다. 나는 침을 한번 꿀꺽 삼키고, 못내 알림판을 그냥 지나치기가 아쉬워 기념사진을 여러장 찍었다.

엘리베이터 버튼을 비장하게 눌렀다. 맨 꼭대기 층을 누르자 더이상 버튼을 건드리는 사람이 없었다. 다들 이 시간에 오는 건가 생각하며 나는 디뎌본 적 없는 행성으로 향하는 우주선에 탑승한 마음으로 생각보다 빠르지 않은 엘리베이터를 타고 최상층으로 향했다. 그리고 마침내 문이 열려 그 행성에 당도한 순간 나는 즉각적으로 압도되고 말았다.

한눈에 바로 알 수 있었다. 이건 내가 알던, 혹은 경험해왔던 그런 저런 성소수스러운 행사가 당연히, 전혀 아니었다. 눈부신 샹들리에가 그득히 걸린 홀에 가득한 일반적인 사람들, 쉴 새 없이 번갈아 허리를 굽혔다 펴고 손을 잡았다 놨다하는 인파를 직면하니 순간 머릿속이 멍해졌다. 이건 진짜, 진짜 결혼식이었던 것이다!

일단 사람들 자체가 압도적이었다. 아니 나도 퀴어 퍼레이드, 여의도 불꽃지옥 다 가봤지만, 그런 행사들과는 차원이 다른 에너지가 그곳엔 있었다. 발 디딜 틈 없이 사람이 많은 것은 여느 행사와 다를 바 없었으나 내가 느끼고 있는 이(異)세계의 생경함은 언뜻 봐도 까마득해 뵈는 으르신들의 숫자가 엄청나다는 데에 있는 것 같았다. 나를 중심으로 주변이 조각나는 것이 느껴졌다. 나는 그 공간에서 완전히 오려져 있는 듯했다. 포토샵에서 내 형체의 라인만 정교하게 떼어 잘라내기 후 엉뚱한 레이어에 붙여넣기 되어 있는 셈이었다.

일단 나 같이 생긴 사람은 나밖에 없었고, 이 정도로 옷에 색깔이 많은 사람도 나뿐인 것 같았다. 나도 결혼식에 신부보다 화려하게 하고 가거나 흰옷을 입고 가면 실례라는 것을 네이트판 등의 인터넷으로 배워 알고 있었기에, 넘들의 귀한 날을 망치지 않으려고 이렇게 차려 입고 온 것이었다. 분명 네이비색 리넨 자켓에 초록색 주름바지까지, 넘들 보기에도 잘 차려입고 온 것은 확실했다. 머리도 착실하게 세운 데다가, KTX를 타고 오는 내내 뒷머리가 눌리지 않도록 도를 닦듯 몸을 반듯이 세우고 왔단 말이다. 하지만 지금 이 공간에 있는 하객들과 나의 차려입음은 방향성이 완전히 다른 것 같았다. 넘들이 실컷 볼일 보고 있는 화장실 문을 나도 모르게 벌컥 열어버린 듯한 난처하고 곤란한 마음이 올라오려는 것을 얼른 떨쳐냈다.

나는 사회, 사회를 보러 온 것이다! 넘들과는 다른

것이 옳다!

이탈하려는 정신과 육체를 잡아 세워 급히 현실로 복귀시켰다. 최대한 이곳에 속해 있다는 마음을 가지고 찬찬히 사람들과 공간을 다시 살폈다.

한복을 입은 어르신들을 그렇게 많이 본 것은 거의 난생처음이었다. 그들과 같은 행사를 치르러 왔다는 것이 놀라웠다. 새삼 성소수 행사들에는 '진짜 늙은이'들이 없다는 사실을 실감했다. 없는 것은 없는 대로 익숙하고 자연스러워 당연하게 여겨왔는데, 이렇게 각종 젊은이와 늙은이, 어린 아이까지 뒤엉킨 행사에 당도하자 감각하지도 못했던 결핍이 즉각 체감되었다. 있는지도 몰랐던 구성들이 여기엔 기본 찬으로 깔려 있다. 이게 공식, 메이저, 메인스트림의 맛이구나. 우리가 쉽게 동원해내지 못할 이들이 여기엔 너무 많이 있었다.

공간에 대한 암순응을 마치자, 멀리서 손님들에게

인사를 하고 있는 신부가 보였다. 이것은 나름, 어느정도, 대안적인 헤테로 결혼식이었기 때문에 헤테로 신부는 순결하게 방에 갇혀 있지 않고 직접 헤테로 신랑과 함께 손님맞이를 하고 있었던 것이다. 나는 그를 향해 빠른 걸음으로 다가갔다.

"아이구, 아버지°!"

그는 정신없는 와중에도 나를 크게 반겨주며 대기 장소로 안내해주었다. 사회자에게 대기 장소가 주어지는 것이 새삼스러운 일은 아니겠으나, 분명 그가 보기에도 나는 여타 하객 분들과 서둘러 분리되어야 마땅했을 것이라고 나는 속으로 생각했다. 홀에서 멀지 않은 곳에 작은 방 하나가 있었다. 문을 닫으니 안락과 고

° 이반지하의 팬들은 이반지하를 '아버지' 혹은 '아빠'라고 부른다. 왜냐면 그것이 사실이기 때문이다. 지난 세월, 이반지하는 솔찬히 성실하게 애비 노릇을 해왔다.

요가 확보되었다. 소파에 자리를 잡은 신부와 다시 한 번 간단한 인사를 나누고, 식의 진행사항 몇가지를 빠르게 확인했다. 궁금한 것이 너무도 많았지만, 가장 응급하게 궁금한 것만 조금 묻기로 마음을 먹었다.

"근데 밖에 있는 사람들이 다 니 결혼식에 온 거 맞아?"

"그런가봐요! 저도 모르는 분들이 너무 많아요!"

충격이었다. 혜테로 단 두명이 한날한시에 동원해낸 사람 수도 수거니와, 그것도 모자라 모두와 아는 사이도 아니라는 사실이. 물론 이것은 이들의 부모와 그들이 그간 넘들의 자식을 축하해온 빚을 한번에 탕감해내는 행사라는 걸 들은 적이 있었지만, 직접 두눈으로 그 현장을 보니 몹시도 기이했다. 어느 행사든 사람 모으기가 쉽지 않은 요즘인데 이런 열성적인 참여 의지가 있는 현장이 있다는 게, 그것이 헤테로 결혼이라는 게, 그리고 이 행사의 사회를 내가 볼 거라는 게.

나는 문득 홀에서 마주친 그 모든 으르신들에게 송구한 마음이 들었다. 아니 저도 제가 하고 싶다고 우겨서 이렇게 된 것이 아니라, 그러니까 여기 오월의 신부님이 저한테 연락을 하셔서— 이런 말을 구구절절 한분 한분 손을 잡고 전하고 싶어졌다. 한껏 더 머리가 복잡해졌을 무렵 신부는 나 말고도 신경 쓸 일이 많았으므로 다시금 홀로 나가야 했다. 그를 보내기 전 마지막 질문을 던졌다.

"근데 혼주가 뭐야?"
"부모를 혼주라고 한대요, 아버지. 되게 웃기죠?"

헤테로 신부는 밝게 웃으며 혼주실을 나갔다. 나는 당신 말고도 '아버지'라 불리는 자가 혼주실에 있다는 걸 그의 혈육 아버지가 알고 있을지 궁금해진다. 하지만 이제는 정말 행사에 집중해야 할 때였다. KTX에서 이미 수십번을 본 대본을 다시 한번 펼쳐들고 소리 내어 읽어보기 시작했다. 어떤 행사든 다 계획이 있었다는 듯 매끄럽게 진행해낼 자신이 있는 나였지만, 이 대본은 생전 내본 적 없는 소리들로 가득했다. 나는 실전에서 큰 실수를 하지 않도록 입 근육을 최대한으로 쓰며 신랑 신부와 부모들의 이름을 큰소리로 발음해보았다. 특히나 입에 붙지 않는 표현들을 반복연습하기 시작했다.

신부신랑, 신부신랑, 신랑신부, 신랑신부…

양가, 양가, 양가부──모님!

사랑! 사랑으로! 사랑으──로키워주! 사랑으로 키워주──신부모님!

사랑! 사랑! 사랑의 서약! 서어약!

예!물! 예에!물! 예에-무울-교오-환! 족카! 족카!
신부의 조카!

두 사람 앞날! 두 사람의 앞-날! 이제 부부가 된―
두 사람의 앞날!

습관처럼 입 근육에 녹아 있는 어떤 일상적 농지거
리도 튀어나와서는 안 될 것이었다. 나는 저항하러 온
것이 아니라, 행사를 진행하러 왔다. 맡겨진 임무를 충
실히 수행해낼 것이다. 나는 프로다. 어떤 행사든 진행
해낸다, 깔끔하게 마무리해낸다!

오래 지나지 않아 웨딩홀 스태프 한분이 사회자를
데리러 오셨고, 나는 비장한 마음으로 하객들이 반 정
도 들어찬 식장으로 향했다. 돌아보는 하객들과 눈을
마주치며, 오늘 하루만은 그들의 악몽이 되지 않기 위
해 애쓰기로 다짐한다.

시작은 안내방송이었다. 단상 위 마이크 앞에 서자,

웨딩홀 스태프가 지금 빨리 안내 멘트를 읽으라고 독촉하듯 말했다. 식이 곧 시작하니 자리에 앉아달라, 휴대폰 알람을 꺼달라, 말을 하는 동안 내 앞에 내려와 있던 블라인드가 서서히 올라가며 프로페셔널한 목소리의 주인공이 하객들에게 공개되었다. 화려한 조명은 구석탱이에 사회자가 있는 T자형 무대°만 비추고 있었기에 그들은 날 보았지만 나는 그들을 볼 수 없었다. 홀에서 마주쳤던 주름진 얼굴들과 바스락거리는 한복 섬유를 계속 떠올리며 관객이 누구인지 잊지 않도록 애를 썼다. 기념비적인 순간이었으므로 나는 휴대폰 카메라를 켜 녹화를 시작했다. 화려하고 웅장한 헤테로 결혼식은 정확히 18분 동안 진행되었다.

결혼식이 시작되고 나서야 알게 된 사실은, 신부가 적어준 대본의 식순 사이사이에는 사진 촬영 시간이

◦ 한국 헤테로 말로는 버진로드(virgin road)라고 한다. 식장 중앙에 신랑과 신부가 행진하는 길을 뜻한다. 숫처녀, 숫총각이 걷는 길이란 뜻이지만 별도의 검증 절차가 있지는 않다고 한다. 의아한 부분.

있다는 것이었다. 엄밀히 말하면 이 모든 자원은 바로 그 촬영을 위해 동원된 것이었다. 그 시간을 충분히 끌어주는 것이 결혼식 진행에서 아주 중요한 일이었다. 대본에 없는 부분이었지만 익숙지 않은 환경 속에서 온 사방으로 신경을 곤두세우고 있었기에 빠르게 상황 파악을 할 수 있었다. 하지만 정상성을 어마무시하게 타파하는 대단히 대안적인 결혼식은 아니었고, 또 그렇다고 완전히 고리타분하게 전통적이진 않은, 말하자면 퓨전 결혼식이었기 때문에, 어느정도로 순하거나 매워야 할지 빠른 판단이 필요한 순간이 많았다. 주례는 없었으나 예물은 있었고 면사포는 없었으나 신랑이 드레스를 입진 않았기 때문에 순간순간의 온도 조절이 쉽지만은 않았다.

드디어 신랑 신부, 아니 신부 신랑의 행진까지 마치고 나자 식은 자연스럽게 단체 사진 촬영으로 이어졌고, 행사의 주도권은 바로 촬영기사님에게 넘어갔다.

촬영 순서는 양가 부모, 친척, 교회 분들, 지인, 이런 식이었는데, 나는 내가 어느 타이밍에 나가 사진에 찍혀야 할지 알 수 없었다. 그래서 어쩔 수 없이 촬영기사님이 대상을 호명하는 매 순간마다 엉덩이를 들썩거릴 수밖에 없었다.

그러니까— 일단 부모. 물론 지금 양가 부모들이 다 짝 맞춰 와 있다는 걸 나도 잘 알고 있지만, 신부는 자기 아버지 앞에서도 나를 아버지라 부르니까 저 순서에 나가야 할까. 아, 아니었구나, 그 정도로 대안적인 결혼식은 아니구나. 그러면 나는 친척 정도의 인물인가, 뭔가 먼 친척뻘의… 헤테로처럼 생각해보자, 헤테로적 맥락에서 나의 위치는 어디일까. 지인? 아무래도 지인에 가까울까.

시종일관 안절부절하던 엉덩이가 무색하게 나의 순

서는 맨 마지막, 사회자였다.

아아, 역시 별첨이었구나!

환하게 웃는 신랑 신부 사이에 껴들어가 어깨동무를 하며, 한편으론 다행이란 생각도 들었다. 나는 어느 사진에 껴들어도 혼자 오려내진 것처럼 보였을 것이다.

식을 마치고는 더이상 헤테로 세계의 화합을 해치지 않고 바로 떠나고자 했다. 그런데 신부가 꼭 식사를 하고 가시라고, 드레스를 갈아입고 인사드리러 가겠다 하는 바람에 나는 또다시 어떤 풍경이 펼쳐질지 한치의 예상도 하지 못한 채 지하 1층 뷔페식당으로 내려갔다. 그리고 다시 한번 규모와 인간에 압도되었다. 당연한 것인진 모르겠지만 지금까지 가본 장례식장들보다 훨씬 컸다. 끝없이 이어져 있는 긴 테이블들에서 많은 사람들이 이미 즐겁게 식사를 하고 있었지만, 나는 어느 테이블에 껴들어가도 아니 될 것 같았다. 그곳의 모든 사람들과 나 사이에는 서로를 밀어내는 힘 같은 것이 분명 있었다. 어디에 앉아도 진행 중인 대화가 중단될 것 같았고, 혹시 누구 하나가 나에게 질문이라도 던지기 시작하면 그 질문은 오늘 안에 끝나지 않을 거란 예감이 들었다. 나는 음식들에서 가장 먼, 식당 입구 바로 앞자리에 자리를 잡고 누구와도 눈을 마주치지 않은 채 식사를 시작했다. 이곳의 헤테로분들과 그들의 문화에 어떤 균열도 내고 싶지 않았다. 식사를 마칠 때쯤 신부가 내려와 내 책을 읽었다는 자신의 친구들과 인사도 시켜주고 했지만, 이런 시공간에 나를 아는 사람이 있다는 것이 믿겨지지가 않았다. 나는 어벙벙한 기운을 끝까지 떨쳐낼 수 없었다.

너무 새로운 문명의 형식을 마주하고 와서였을까. 애초에 부산 맛집이라도 들러보려던 계획을 완전히 철수하고, 검색에 걸린 가장 가까운 카페로 가 서울에도 충분히 많은 아이스 아메리카노를 처음 맛보듯 벌컥벌

컥 마셨다. 여유 시간이 넉넉하다고 생각했던 기차 시간이 될 때까지 그 카페 안을 벗어나지 못한 채 멍하니 시간을 보냈다. 분명 그렇게까지 품이 드는 행사는 아니었는데, 큰 나사 하나가 풀린 것처럼 정신이 헤롱대고 있었다. 어마어마하게 쌓인 피로의 무게를 이고지고, 마침내 서울에 도착하자, 이래서 퀴어퍼레이드를 반대하는가보다 하는 생각이 들었다. 다른 세계의 사람들과 그들의 규칙, 문화를 보고 겪는 것은 이토록 피곤한 일이니까.

헤테로 결혼식을 그렇게 가까이에서, 이렇게 중요한 인물로서 경험한 것은 인생에서 처음 있는 일이었다. 그 소회는 이랬다. 일단, 의외로 이 식을 왜 하는지는 이해할 수 있게 되었다. 왜 그렇게 일부 성소수들이 결혼식에 목을 매는지 비로소 이해할 수 있을 것만 같았다. 그것은 분명 큰 현금 다발을 산 채로 태우는 동시에 수거하는 행사였고, 입에 붙지 않는 각종 낯간지러운 멘트들이 난무하는, 어디에도 정확한 근본이 없을 기묘한 의식이었으나, 막상 식의 일부가 되어 이들을 구경하고 있으니, 짧게나마 나름 통속적인 감동이 느껴지긴 했던 것이다.

'이제 부부가 되어 처음으로 양가 부모님께 인사를 드립니다. 사랑으로 키워주셔서 감사합니다.'

이 멘트 하에 어떤 사정들은 너무나 압축되고 생략되어 있었지만, 분명 삶의 큰 변화에 앞서 지금까지의 시간을 함께해준 이들에게 감사와 응원을 주고받는다는 그 사실 하나는 사람을 울컥하게 하는 구석이 있었다. 오랜 세월 무관심하게 비웃어왔던 이 의식에 대해 인간적인 이해를 시작할 수 있게 되었다.

동시에 이건 얼마나 별일이 아닌가 하는 생각을 했다. 사실 식장에 온 대부분의 사람들은 이 부부가 앞으로 잘살든지 말든지 별로 관심도 없으며, 그냥 어떤 이유로든 얼굴을 비추고, 빚을 갚거나 내주며, 뷔페 한끼를 먹기 위해 오는 걸 거다. 근데도 얘네가 동성이면, 성소수면, 이들 다수는 여기 오지 않을 거란 건가. 피차 어차피 진짜 상관없는 거 아닌가.

역시 일단 법적으로 혼인신고가 가능해져야 더 많은 으르신들이 체념 속에 하객 및 빚 돌려막기 전통에 응하게 되는 것이려나. 근데 꼭 이걸 해야 하나. 근데 뭐 어떤 재미는 있긴 한데…….

진짜 헤테로 결혼식 사회를 보고 나자 이상하게도 자꾸만 헤테로 아닌 이들의 결혼식에 대해, 행사들에 대해 생각하게 되었다. 가볍게 뛰고 올 생각이었던 행사는 생각보다 많은 상념을 남겼다. 문득문득 그 주름지고 얼룩덜룩한 얼굴들과 비일상적인 한복 섬유, 고모에게 예물을 전달해주던 조카라는 갓난아기가 포함된 풍경이 떠오를 때가 있었다. 꼭 필요하거나 무엇보

다 우선하는 것은 아니지만, 없는 것이 무엇인지는 분
명히 인식할 수 있었다.

　아, 차별은 나쁜 것이다.

　근데 결혼식까지 할 돈은 대체 어떻게 버는 것일까.

경주에서

경주에 도착하자 리우데자네이루 생각이 났다. 아마 아직 여름이라고 느꼈기 때문이었을 것이다. 날씨는 여전히 습했고 기차역을 나선 후 마주한 거리는 유독 시멘트 빛이라고 느꼈다. 잠시 리우데자네이루 생각을 하다 버스 정류장을 찾아 걸었다. '경주여중건너편 정류장'이라는 말이 재미있었다. '건너편'이라는 말이 진솔하게 느껴졌다. 세 글자를 보태줄 만큼 친절하게도, 또 구구절절하게도 느껴졌다.

"가방 여물게 잡으세요!"

등에 배낭을 달기 싫어 가져온 작은 캐리어가 잠시 손을 떠나 버스 바닥을 스르륵 구른 순간 기사님이 큰 소리로 외쳤다. 나는 내려간 바지를 우다다 올리듯, 황급히 캐리어를 잡아채어 내리는 순간까지 반드시 여물고 있자고 생각했다.

낯선 지역에 오면 언제나 그렇듯 창밖 풍경에 한참을 몰두했다. 거리에 노인이 많다고 생각했다. 물론 평일 한낮이긴 하다. 우리 집 근처였다면 집주인 친구들인가 생각했겠지만, 아직 내겐 경주 집주인들의 데이터가 없다.

큰 사거리를 지나던 순간, 기분 좋게 동그란 백자 항아리 같은 배를 한 여자 사진이 큰 건물 한면 전체를 덮고 있는 것이 보였다.

땅속의 보물

뱃속의 보물

경주 출산 장려 캠페인이었다. 부정하기 힘들 정도
로 실력있는 문구에 조금 휘청한 기분이 들었다. 기발
하게 지역색을 살린데다 운율감도 좋아 조금 설득되고
싶어졌지만, 나는 아무래도 북토크나 하러온 객의 입
장이니까, 라고 생각하며 고개만 몇번 주억거려준다.

전국을 다니며 북토크를 하고 있었다. 내게로 와준
사람들이 있었으니, 이번엔 내가 그들 가까이에 가자
고 생각했다. 부지런히 다니다보면 소중한 만남들을
이뤄낼 수 있을 것이다. 나로부터 뿌려진 글들의 행방,
그 끝에 어떤 사람들이 있는지, 그 얼굴들을 확인할 수
있을 것이다.

무리가 아닌 스케줄이 없을 정도로 빽빽한 일정을

달리고 있었기에 고급 호텔에 묵고 싶은 마음이 들었다. 얼만큼 스스로를 보상해야 마땅한지 마음의 접전 끝에 딱 하루만 5성급 호텔에 돈을 쓰기로 결심했다. 그리고 그 하루는 너무 빨리 지나갔다. 다음날 아침 1층 카페에서 잠시 5성급이었던 세상에 대한 미련을 달래다 일정에 못 이겨 호텔 건물을 빠져나왔다.

호텔 앞 버스정류장에 앉아 있으니 여럿이 지르는 비명 소리가 메아리처럼 들려왔다. 멀찍이 유원지 관람차가 보였다. 경주월드에서 번지점프에 가까운 급경사를 겪는 이들이 내지르는 소리였다. 너희들의 위기는 가짜다. 곧 죽을 것 같은 그 기분은 존나 가짜이다. 여기 누구에게도 등 떠밀리지 않고 차곡차곡 스스로 선택한 스케줄로 인해 생사의 위기를 맞이한 이가 있다. 고급 호텔 1박마저도 두껍게 쌓인 피로를 단번에 해소해주진 못했던 것이다.

고집스럽게 택시를 타지 않으려 애쓰며, 사방이 거

미줄로 연결된 버스 정류장 벤치에 앉아 36분 뒤에 도착할 버스를 기다리는 이가 있다. 택시기사들은 아마도 이 지역의 버스 배차 간격을 잘 알고 있다. 그래서 내 앞을 지날 때마다 가짜 비명 같은 경적 소리를 빼액 내지른다. 매번 어깨를 움찔거리지만 돌아보지 않기 위해 애쓰는 내가 있다. 사치와 검소의 길목에서 이번만은 사치에게 지지 않으려 내 몸의 비명을 못 들은 척한다.

보라. 이렇게 참고 인내하며 휴대폰에 글을 쓰다보니 버스는 어느덧 도착 2분 전이라고 하지 않는가.

오라. 나의 검소여. 예산에 부끄럽지 않은 양심이여.

마침내 버스에 오르자 절약의 열매가 달다고 생각했다. 이미 몸은 땀으로 흠뻑 젖어 5성급 아침 샤워가 무색해졌지만, 그래도 낭비하지 않았다. 뭔가가 분명 아꺼졌다. 하지만 무척 손해를 본 느낌도 동시에 스친다. 버스 좌석 뒷머리에 성형외과가 아닌 안과 광고가 있어 한참을 본다. 나는 괜시리 경주가 좋아진다.

북토크가 열릴 동네에 도착하자 시간이 아직 너무 이르다. 이러면 나는 다시 한번 사치를 선택할 수 밖에 없다. 5성급이 풀어주지 못했던 부분을 근처 타이 마사지가 해결해줄 수도 있지 않나. 바로 지금! 오시면 된다는 사장님의 말에 휴대폰 지도를 보며 서둘러 발걸음을 옮긴다. 온몸이 다시 한번 땀으로 젖어오지만 당도할 천국엔 샤워실이 있을 것이다.

시작된 지 10분 정도 지났을 때, 나는 고민을 마친 오른손을 높게 들며 방문 밖 사장님을 부른다. 마사지사님께 여러번 고개를 숙여 미안함을 전달한다. 말보다는 이런 움직임이 나을 것이라 판단한다.

"아휴, 죄송해요. 요즘 저분 남편이 그렇게 속을

썩인대. 안 그래도 오늘도 한판 하고 왔다 해서 내가 좀 걱정 했그등요. 그래서 그 화난 마음 때문에 막 좀 꼬집듯이 마사지를 했을 수도 있을 것 같애여, 손님한테. 내가 얼릉 다른 분 불러드릴게."

나는 다시 눕는다. 닫힌 방문 밖에서 사장님의 말소리가 들린다.

"응, 쏨하고 저 손님, 스타일 안 맞아. 응응, 괜찮아. 내가 전,화,할 테니까. 집에 가 있어. 응, 괜찮아."

미안하지만 어쩔 수 없는 사정과 마음의 파도가 온몸에 밀려온다. 하지만 꼬집히는 사치를 부리고 싶지는 않았다. 잠시 후 새로운 두 손이 몸을 꾹꾹 눌러오기 시작한다. 다행이다, 이번엔.

마사지를 마치고 나자 딱 북토크를 하러 가면 되는

시간이었다. 호텔을 나서던 아침보단 몸이 훨씬 가볍다. 서점에 도착하자 아는 얼굴들과 모르는 얼굴들, 언뜻 희미한 얼굴들이 하나둘 모여들기 시작한다. 경주는 아는 얼굴의 고향이었고, 모르는 얼굴의 집 근처였으며 희미한 얼굴의 휴가지라는 것을 알게 되었다. 나는 오늘 처음으로 경주에서 돈을 벌어본다. 작품 얘기를 해본다. 사람들을 웃겨본다.

제주도에서

제주도 해변가 돌담을 잠깐이라도 손으로 훑으면, 손바닥은 금세 미세한 긁힘들로 허옇게 일어난다. 용암이 뚫고 간 빈 자리들이 크고 작은 요철이 되어 드르륵 피부를 해먹는 것이다. 현무암은 내 자동차 범퍼도 그렇게 해먹었다. 굳이 굳이 육지에서부터 배를 타고 끌고 내려온 외지 출신 고철을 제주도 돌담은 용서하지 않았다. 고철 입장에서도 골목마다 촘촘하게 둘러쳐진 돌담의 눈치를 안 본 것은 아니었으나, 마주 오는

286 | 3부 • 헛걸음도 걸음이다

트럭에게 길을 내주고자 한 친절이 돌담에 집중했어야 할 주의를 뺏어간 게 화근이었다. 생각해보니 예전에도 좁은 골목에서 마주 오는 중형차에 먼저 숙이고 들어가 핸들을 꺾어주다가 근처 식당에서 굳이 길에 놓고 키우시는 화분을 해먹은 적이 있었다. 친절의 대가는 매번 비쌌다. 그럼에도 초보의 마음은 그런 것이었다. 빌어먹게 유약하고 대범했다.

자동차 범퍼는 기본적으로 차 몸체를 보호하기 위해 달려 있는 것이라 들었다. 그야말로 충돌의 충격을 대신 받아 안는 아이. 하지만 갈아줘야 하는 아이. 새로 사서 달아줘야 하는 아이. 범퍼가 종이짝처럼 찢어진 걸 확인한 날 밤, 지식의 보고 네이버에서 찾아본 현무암의 경도는 1.25. 겨우 2도 안되는 새끼한테 무참히 당해버린 것이다. 현무암은 생각보다 훨씬 강하고 단단한 놈이었다.

아직 고치지 못한 범퍼를 달고 턱더글 턱더글 현무

암 돌담 사이를 방어적으로 누비다가 예쁜 초콜릿 가게를 발견했다. 그곳에서 팔고 있었던 것은 다름 아닌 현무암 초콜릿. 제주에 올 때마다 손에 쥐었다 놨다를 반복하며 육지로 훔쳐가고 싶어했던 그 아담한 크기의 현무암 돌멩이, 그 생김을 한 초콜릿이었다. 서둘러 주문을 마쳤다.

주둥이가 넓은 투명 유리그릇에 보기 좋게 담겨 나온 초콜릿을 본다. 집게손을 만들어 한조각을 얌시럽게 들어 입속에 단번에 던져 넣는다. 특유의 불규칙한 둥근 모남, 모든 각도로 숭숭 뚫려 있는 구멍, 거칠고 단단해 보이는 그 숭숭한 표면— 혀를 최대한 넓고 얇게 펼쳐내어 그것을 찬찬히 훑는다. 높낮이가 다른 구멍들이 혀에 닿자 전체적으로 사르르 녹아내린다. 범퍼를 해먹은 단단한 현무암을 혀와 입천장으로 눌러내듯 녹여낸다.

감히, 라는 말이 떠오른다. 입안에서 일어나는 이 달

콤한 무너뜨림에는 제법 배덕하고 에로틱한 구석이 있었다. 하, 대체 어디가 1.25라는 거지. 나는 어느덧 가엾은 현무암을 유린하는 계략공°처럼, 더욱 거칠게 그의 표면을 탐닉한다. 술수에 빠진 현무암은 내 혀를 빠져나오지 못해. 그저 녹고 또 녹아 나의 일부가 되는 수밖에.

나는 지금 거울을 보고 싶지 않다. 나는 입가에 녹차와 흑임자 초콜릿 가루를 덕지덕지 묻힌 채 탐욕스럽게 웃고 있을 것이다. 애초에 가게 사장님이 있는 쪽을 등지고 앉은 것은 얼마나 훌륭한 결정이었나. 나의 뒷모습은 아직 분위기 좋은 외딴 카페에 혼자 찾아와 창밖 풍경을 즐기며 초콜릿을 하나씩 맛보는, 뭐랄까, 이를테면, 올레꾼? 뒤통수까지 얼굴이 아닌 것은 얼마나 다행인가. 등을 보일 수 있다는 것은 얼마나 큰 축복인가. 나는 창밖으로 보이는 가게 마당을 어김없이 둘러

° 계략을 가진 공(攻)이라는 뜻. 상대보다 우위를 점한 채, 상대를 손바닥 위에 올려두고 가지고 놀 듯 다루는 뻔뻔하고 모서리가 없는 둥근 공. 가지고 놀긴 힘들다.

싸고 있는 현무암 돌담에게만 내 소중한 앞면을 들킨다. 남김없이 망쳐주리라. 한낱 칼로리가 되게 해주리라.

매끈한 초콜릿들이 주지 못하는 낯선 표면 감각이 얄미워, 단것이 주는 얼얼함도 잊고 자꾸만 그 감촉을 찾아 혀를 들이밀고 무너뜨리고 다시 손은 새로운 희생양을 찾아, 그리고 이내 유리그릇은 텅 비어버린다. 그제서야 정신을 차린 척 탐닉의 순간을 복기, 의미를 만들어본다.

손으로만 여러번 더듬어보았던 제주 현무암 돌담을 혀로 감각해보다니. 성장의 어느 시기에 무슨 물건이든 입에 넣어보는 시절이 있다 들었지만 그것은 너무 오래전에 잊힌 감각 행위, 확실히 위험천만. 하지만 오늘만큼은 세상의 온갖 것들을 입에 넣어 훑지 못하는 것이 못내 아쉬워 입맛을 다신다.

이를테면, 아이폰. 아이폰은 무슨 맛일까. 각종 세균이 다채로운 맛을 만들고 약간의 통증도 주려나. 이 존나 비싼 새끼. 유심칩은 개인정보 맛이 나려나. 각종 사회 관계망칩들이 혀로 핥아지려나. 하지만 정말 핥고 싶지 않은 번호 하나쯤은 다들 있지 않을까. 그러니까 나라면,

그만하자.

이런 식으로 확장하다보면 정상사회로 돌아가는 길마저 남김없이 핥아 없애버릴 것만 같다. 안 그래도 자주 이탈하는 경로란 말이다. 그러므로 오늘은 현무암을 입안에서 농락해본 것만으로 만족하기로 한다. 범퍼를 가는 데는 기십만원이 깨질 것이고 고급 수제 초콜릿도 내 돈으로 샀지만 여전히 나는 어떤 앙갚음을 해냈다고 믿는다. 믿기로 한다.

그날 저녁 제주도 동쪽에서 열린 북토크는 내 두번째 책을 주제로 식사 코스를 만드셨다는 셰프님의 가게에서 진행되었다. 소규모 북토크였던 만큼, 나는 제주에 와서 경험한 현무암의 이중성을 우리 독자분들과 공유하고자 낮에 먹은 현무암 초콜릿 한통을 샀다. 그들이 초콜릿을 맛보는 동안, 나는 아까 초콜릿을 먹으며 메모했던 정서를 낭독했다. 소중한 독자분들은 현무암 초콜릿이 맛있다는 건 쉬이 인정했으나, 낭독을 마친 후에도 흥분을 감추지 못한 내가 현무암 타령을 멈추지 않자 조금씩 옅은 경멸을 풍기며 나를 긍휼히 바라보기 시작했다. 다시는 일반인들에게 예술가의 순간을 함부로 공유하지 말아야 할 것이다. 경도 1.25에 휘둘려본 마음을 넘들은 결코 이해하지 못할 것이다.

제주 바다에서

조금 착해진 것 같은
기분

아무렇게나 걷다가 아무도 없는 해변에서 아무렇게나 느껴보는 제주 바다.

이 냄새가 무슨 냄새인지 한참 생각해보니, 못 끓인 미역국 냄새. 마늘이 부족해 비린 바로 그 냄새.

바다에 들어가 누우니 몸 전체가 불규칙한 리듬으로 꿀렁꿀렁, 어딘가로 삼켜지는 느낌이 들었다. 이대로 삼켜져도 좋겠다는 생각이 들 만큼의 흡입력 있는 속

제주 바다에서 | **293**

도와 힘.

떠다니는 것들을 하나씩 손으로 떠 만져본다. 자줏빛 투명한 해초는 수세미 같기도 하고 응원단이 쓰는 술 같기도 한 모양에 질감도 엇비슷하다. 매끄러움과 꺼끌거림이 동시에 느껴지는 감촉. 겹쳐지면 확 진해지는 맑고 가벼운 초록에 가까운 연두색 해초는 보기보다 훨씬 비닐 같은 질감이었다. 자연물이라기엔 아주 인공적으로 미끌거리는 질감. 분명 원조는 이쪽이겠으나 만지면 만질수록 비닐봉투를 연상하게 된다. 종이접기를 하듯 꾹 눌러 손톱으로 쭉 훑어보니 이것은 익숙한 감각. 편의점 쓰레기봉투 접기의 그것. 하지만 해초는 조금만 힘을 주어 당기면 쭈욱 — 찢어진다. 조각난 해초를 흘려보내고 또다른 큰 덩어리를 물속에서 떠내 또 한번 쭈욱 —. 끝도 없이 여러번 이 놀이를 할 수 있다.

해변에 앉아 바다를 보고 있으면 조금 착해진 것 같

은 기분이 든다. 좋은 일이 생기면 더 많이 축하하면서 살자, 뭐 그런 뻔한 생각이 최초처럼 든다. 뭐든 다 떠내려가고 있기 때문일까. 떠내려보낸 것을 다시 만나기는 어려울 거라서일까.

깜란 바다에서

나도 인간임을 주장하다

튜브에 몸을 끼운 채 동동거리면서 바다에게 반복적으로 귀싸대기를 맞았다. 이상하게 그렇게 처맞고 나면 웃음이 났다. 물을 뒤집어쓰는 슬랩스틱 개그의 기원이 혹시 이런 것이었을까. 원래 예상치 못한 타이밍에 물을 맞으면 좀 웃긴 걸까. 만약 우리네 인생이 바다라면 이건 평생토록 영원히 크고 작은 싸다구를 맞고 또 맞는 것이란 생각을 했다. 이상하게 바다에 오면 꼭 인생을 읊게 된다.

베트남 고급 리조트에 딸려 있는 인공해변은 아무리 힘껏 멀리멀리로 달려나가려 해도 계속해서 몸을 해변으로 떠밀었다. 조금만 더 깊은 바다 위에 누워 있고 싶은데 바다는 아랑곳 않고 계속 다리가 바닥에 닿는 곳으로 나를 도로 밀어냈다. 하지만 아주아주 가끔, 파도가 내 맘처럼 움직여주던 몇번의 기억이 있었다. 그래서 자꾸만 튜브 낀 몸을 여러번 물에 던져 멀리멀리 나아가고자 하는 짓을 멈출 수 없었다.

바다가 사지를 저민다. 당겼다가 풀어놓고 당겼다가 풀어놓기를 반복한다. 이것의 이름은 '파도'. 하지만 바다 전체를 놓고 본다면 '꺼져'. '꺼져'라는 말을 물화한다면 그건 '파도'일 것이다. 관광객을 위해 조성한 안전한 해변은 아무리 발버둥을 쳐도 계속해서 바다 밖 모래사장으로 사람들을 밀어낸다. 바닷속에서 그 에너지를 고스란히 느끼노라면, 그래, 이것이 '꺼져'라는 의미임을 몸으로 이해하게 된다. '꺼져'가 무슨 뜻이냐고 물었을 때, 함께 이 바다에 들어가 온몸의 힘을 풀면 파도가 힘껏 해변으로 우리를 밀어낼거야. 그게 바로 '꺼져'란다.

등 떠밀린다. '대학 가라' '시집 가라'보다 더한 떠밀림이다. 아니 잠깐 내 얘기 좀 들어봐, 하고 돌아볼 새도 없이 파도가 온몸을 치고 밀어낸다. 나는 굴려진다. 또 굴려진다. 수영복과 피부의 틈새로 잔모래와 물결이 통과한다.

눈을 감고 소리에 집중하면 큰 파도가 오는 소리를 들을 수 있다. 그 소리에 집중하며 튜브 위에 널브러져 있다가 소리가 덮치는 순간, 바로 그 방향을 등지는 쪽으로 몸을 홱 돌린다. 그러면 파도는 등을 떠밀고 난 콧구멍 입구멍을 지킬 수 있다. 짠내를 게워내러 해변에 돌아갔다 올 필요 없이 계속 바다에 머물 수 있게 된다. 인간의 몸에는 얼마나 많은 구멍이 있는지. 뭐가 쑤셔지고 밀려들어와야 그곳이 속수무책으로 어떤 장벽도

없이 외부로 뻐엉 뚫려 있단 것을 깨닫게 된다. 어떻게 이리도 무방비한 채로 생존해낸 것일까. 구명조끼는 아무리 갖춰 입어도 구멍은 안 되고요, 목숨만 살려는 드릴게.

온몸에 선크림 칠갑을 하면서도 이토록 바다에 들어가고자 한다. 이미 온몸이 시뻘겋게 타오르고 있다. 그래도 자연에 다가가 대거리하기를 멈출 수가 없다. 인류는 언제나 자연에 대해 이런 식이었을 것이다. 자연을 이토록 자멸하듯 농락하게 된 지 사실 얼마 되지도 않았다, 인류의 역사 전체를 놓고 보면. 하지만 역시 자연은 참지 않았고 그렇게 우리 모두는 궤멸, 궤멸 속으로.

쾌적한 인공 자연. 당신을 사랑하지 않을 수 있을까. 대표 인류 백인의 마음이 되어본다. 자연을 다룰 수 있는 것으로 만들어내기까지 그들이 저지른 일들이 얼마나 지난하며 달콤했을지 미루어 짐작하며 누려본다.

구름 한점 없는 깨끗한 하늘을 야자수 잎이 가르는

것을 지켜본다. 이토록 관리된 야자수를 본 적은 없었다. 원래부터 야자수가 자라는 지역의 야자수들은 잎이 반 이상 타들어가 축 쳐져 있었지만 이곳은 다르다. 매일 관리받는 야자수는 이토록 초록이다. 쫙 뻗어나가는 잎대에 얇고 긴 잎사귀들이 쪼로록 붙어 있는 그 규칙적인 모양이 돈벌레를 연상케 한다. 야자수, 잘 커주었다. 잘 자라주었다.

*

마지막날 밤, 완벽한 온습도가 못내 아쉬워 리조트 안을 빙빙 돌았다. 그러다 무심히 바다가 보이는 야외 수영장에 몸을 철푸덕 담갔다. 수영장 물에 누워 하늘을 보니 별은 밝아도 눈이 부시지 않았다.

안데르센이 왜 「인어공주」를 쓸 수밖에 없었는지 알 것 같은 기분이 들었다. 이(異)세계에서 온 자, 라는 감각. 속하고 싶었던 마음과 놓고 와야 했던 것, 완전히 슬프지도 행복하지도 않은 결말. 그래, 적어도 몸의 절반은 인간이 아니게 해야 넘들과 사는 세계에서 느끼는 이물감을 표현할 수 있었을 것이다. 얼굴, 가슴, 팔이 있는 상반신에 아주 말도 안 되게 다른 하반신. 그 정도의 이물감과 상상력.

　가끔 뉴스에 심해어가 잡혔다며 사진이 뜰 때가 있다. 악취가 날 것처럼 생긴 괴생명체가 실험대 같은 선반에 놓인 채일 때가 많았다. 그런 기사가 뜰 때마다 나는 며칠 동안 심해어에 대해 생각하곤 한다. 그가 느끼는 이물감을 상상한다. 그것이 나와 얼마나 같고 다를지를 생각해본다. 낮고 어둡고 훨씬 차가운 바다에 있다가 끌어올려진 심해어는 생존 조건 자체가 다르다. '심해인간'이란 게 있다면 인간다움의 정의조차 다를 것이다. 그렇게 한번도 본 적 없는 낯선 이들에게 둘러싸여 나도 인간이라는 주장을 할 것이다. 스스로도 믿기 힘든 주장이지만 살아남기 위해 동질성을 강조해보는 것이다. 저도 같은 인간이랍니다. 쉽게 믿기는 어려울 것이다.

심해에서 찍힌 심해어 사진을 모은 책을 갖고 있다. 속한 곳에서 찍힌 심해어의 모습은 그리 끔찍하지 않다. 생경한 구조와 모양새를 하고 있지만 그 환경에 걸맞기 때문에 납득이 된다고 할까. 그래, 저기서 살면 저렇게 생기겠다 싶은 것이다. 하지만 끌어올려지면, 심지어 바다도 아닌 육지까지 끌어올려지게 되면 일단 화상을 입을 것이고 심각한 공황이 올 것이며 심해에서 필요했던 모든 기관과 기술은 아무 의미도 없는 파닥거림이 될 뿐이다. 하지만 살기 위해, 나도 당신들과 다르지 않을지도 몰라요, 라고 말한다. 낯선 것은 두려운 것이기 때문이다. 너무 두려우면 남들이 죽여버리고 싶어질 수 있기 때문이다. 하지만 부러 말해주지 않아도 누구보다도 잘 알고 있다. 저도 압니다. 저는 심해어이고 당신들과 다릅니다. 그런데 나도 속하고 싶어서 여기 온 것이 아닙니다. 나도 이 세계가 내 세계가 아니란 걸 잘 압니다. 당신들의 세상을 방해하고 싶은 생각은 없었습니다. 그런데 나도 원해서 이런 상황에 있게 된 게 아니니까 살려는 주십시오. 살아남을 수는 있겠냐고요? 저도 모르겠습니다. 그런데 일단 살려는 주십시오. 아니, 아닐까요. 죽는 게 나을 수도 있을까요.

죽게 되면 쓰레기장에 버려져도 좋다. 하지만 오늘은 바다에 가루가 되어 녹아들어가 아주 낮게 낮게 가라앉고 싶다고 생각했다. 수영장에 몸을 담그고 하늘 색깔과 똑같은 검정 바다를 바라본다. 정확히는 해변가의 조명으로 겨우 위치만 가늠할 수 있는 바다 쪽을 바라보았다. 그리워질 것이다. 그리워할 것이다.

남양주 돌비시네마에서

종이남성들과 조우하다

알고 보니 세상에는 차가 있어야만 갈 수 있는 곳이 꽤 여럿 있었다. 넘들끼리만 공유하는 지도가 따로 있었던 것이다. 그중 하나가 아울렛이었는데, 진짜 검정 화면을 보여준다는 영상기술과 진짜 사방에서 들려오는 입체적 음향기술을 갖춘 한국 최고의 돌비시네마 상영관은 어쩐 일인지 남양주아울렛 안에 있었다.

돌비 애트모스 같은 몰입감 넘치는 사운드가 일생에 중요했던 적은 단 한번도 없었다. 하지만 중고등학교

때 보았던 농구 만화 「슬램덩크」가 애니메이션 영화 「퍼스트 슬램덩크」로 개봉하면서 내게 영화관은 돌비와 비(非)돌비로 나뉘었다. 전국에 있는 모든 돌비시네마 상영관에서 「퍼스트 슬램덩크」를 봤다는 나쁜 친구 1이 '결론은 남양주 돌비'라고 전해주었기에 이후 영화관은 남양주 돌비와 나머지로 다시 분류되었다.

나쁜 친구2의 권유로 큰 감흥 없이 첫번째 관람을 마친 직후에는 이런 거대한 파도가 내 일상을 덮칠 거라고 생각하지 못했다. 관람 후 '남들은 어떻게 봤나' 하는 순진한 생각으로 시작한 인터넷 검색이 화근이었다. 영화를 관람한 늙고 어린 「슬램덩크」의 팬들은 원작이 그려주지 않은 종이남성들의 아름다운 사랑을 거침없이 그려 공유했고, 각 캐릭터의 대사와 동작에서 원작보다 훨씬 더 거대하고 섬세한 해석을 덧붙여 날조와 같은 깊은 맥락을 부여해주었다. 그래서 나는 어쩔 수 없이 고달픈 현실과 기꺼이 작별한 채 이 세계에 빠져들고 말았다. 나의 일상은 서서히 종이남성들에게 잠식되어 갔다.

1997년 엑스 재팬(X-Japan)의 마지막 도쿄돔 콘서트를 갈 수 없어 울었던 열일곱살은 이제 누구의 허락이나 양해를 구할 필요없이, 순전히 욕망 하나에 돈과 시간을 낭비할 수 있을 만큼 늙어주었다. 나는 언제든 원하는 때에, 정확히는 남양주 돌비가 주로 점지하시는 평일 자정에 맞춰 착실히 종이남성들을 소비할 수 있게 되었다. 그것은 실로 아름다움을 쫓는 시간들이었다. 완벽한 근육으로 야무지게 빚어진 남성 육체들이 시종일관 헉헉대며 농구공을 쫓았고, 그들이 그들의 세계에 빠져 있는 만큼 나에게 시선 한 방울 주지 않았기 때문에 그들을 관음하는 일은 무척 용이했다. 저렇게 아름다운 남성들이 세상에 있다는 게 감사했다. 거의 모든 장면에서 거친 땀방울이 튀었지만 냄새 한점 나지 않았고, 완벽히 제모된 육체는 그들의 남성미를 조금도 손상시키지 않았다. 관람 회차가 거듭되면서 매번 다른 인물에 이입하는 재미가 있었고, 필요한 곳에 정확히 딱딱 배치된 효과음과 주제가에 취해 농구공을 튀기는 소리와 내 심장 소리는 점차 구분이 어려워졌다. 이렇게 계속 보고 또 보다보면 나도 그 세계 안으로 쑥 들어가게 될지도 모른다. 나도 저렇게 일본말을 하는 육질 좋은 다비드 상 중 하나가 될지도 모른다.

나쁜 친구들이 아닌 친구들은 대체 뭐가 그렇게까지 그렇냐고 의아해했지만, 좋아하게 된 것을 실컷 좋아하는 기쁨을 부정하는 이는 없었다. 스크린 밖 현실에선 내가 애써 만든 작품이 손상당했고 당장 해결할 수 없는 억울한 일들이 연거푸 벌어지고 있었다. 그래서였을까. 아마 나는 무언가를 무척 사랑하고 싶었다. 그 욕망에 「슬램덩크」 애니메이션이 맞물렸던 것뿐일지도 모른다. 하지만 이유 같은 건 뭐라도 상관없었다. 아름다운 움직임을 보고 그에 걸맞는 소리를 듣는 것만으로 이유는 매번 충분했다.

이 탐닉은 명확한 유통기한이 있었다. 각종 할리우드 블록버스터의 개봉이 이어질 예정이었기 때문에 돌비 상영관이 언제 다시 「퍼스트 슬램덩크」를 상영해줄지 알 수 없었다. 한번 돌비 시네마에 적응된 눈과 귀로 일반 상영관을 찾는 것은 분노만 일으켰기에 나는 남양주 돌비의 마지막 상영이 이 욕망이 일단락될 시점이란 것을 잘 알고 있었다. 그리고 마침내 그날은 왔다. 마지막 「퍼스트 슬램덩크」의 날이 밝고 말았던 것이다.

어느덧 익숙해져버린 남양주로 향하는 도로 위에서 가슴 한켠이 욱신거리는 것을 느꼈다. 시절과의 이별이 다가오고 있었다. 서서히 현재를 벗어나 내 몸에서 떨어져나갈 시간의 덩어리, 모든 것이 한때가, 과거가 되는 느낌이 너무 괴로워 몸 전체가 조여드는 느낌이 들었다. 시간이 지나고 있다는 이유만으로 무척 슬퍼졌다. 하지만 언제나 그렇듯 길은 남양주 돌비로 착실하게 이어졌다. 그날의 영업을 마치고 경건하게 불이 꺼진 거대한 아울렛의 지하주차장 입구로 진입한 차는 몸이 외운 지점에서 정확히 멈춰 섰다. 상영관에서 가장 가까운 입구 앞 주차 자리였다.

아마도 거의 모든 등장인물의 모든 순간에 한번씩은 나 자신을 이입했다. 비전이 있지만 동료가 없는 리더, 뛰어나다는 것이 흠이 되는 만능 플레이어, 나를 직면하느니 남에게 푸는 것이 나아 보였던 분노, 얼마나 딱딱한지도 몰랐기에 해댔던 맨땅에 하는 헤딩, 기가 막히게 높은 벽 앞에서의 절망과 그럼에도 중독된 듯 끊을 수 없던 희망, 결정적인 순간에 내 몸이 내 발목을 잡는 미칠 듯한 순간까지, 한 영화를 여러 차례 보는 사람들의 마음을 이제야 이해할 수 있게 되었다. 매번 다른 것을 보고 있었던 것이다. 하지만 이제 그 모든 등장인물과의 순간순간에 서둘러 작별을 고해야 했다.

자정에 가까운 시간이었지만 상영관에는 분명 「퍼

스트 슬램덩크」를 보러왔을 치마씨°들로 그득했다. 언뜻 봐도 첫 관람이 아니라는 것을 알 수 있었다. 그들 중 대다수는 회상 씬에 화장실을 다녀올 것이고, 경기 씬에 숨죽여 집중할 것이었다. 먼저 도착해 있던 나쁜 친구1과 2가 상영관 입구에서 평소보다 다소 어두운 얼굴로 손을 흔들었다.

상영관이 어둠에 휩싸이자 바로 돌비 회사 광고가 시작되었다. 수없이 본 장면과 소리였지만, 돌비와 돌비가 아닌 것을 번갈아 보여주며 그 차이를 실감케 했기 때문에 매번 귀는 새로 뚫리고 눈은 한껏 더 깊고 밝아지는 듯했다. 이제 모든 준비는 완료되었다. 이 예민해진 감각으로 마지막 슬램덩크를 시작해보자.

그때였다.

° 주로 치마를 입는 사람.

한껏 과민하게 경건해진 마음 사이로

유난히 사각거리는 패딩 소리와 함께

3D 남성이 등장한 것은.

한동안 종이남성에 너무 이입하고 있었기 때문에 실물 남성을 남성이라 인식하는 데에는 조금 시간이 걸렸다. 맞다. 완벽하지 않아도 남성일 수 있었다. 나는 무릎을 살짝 들고 몸을 한껏 웅크려 그가 지나갈 수 있도록 길을 내주었지만, 그는 그 정성이 무색하게 한껏 부푼 패딩 자락으로 내 뺨을 사정없이 치곤 내 옆자리에 앉았다. 그가 온몸을 한번에 던지며 좌석에 앉았기 때문에 같은 열의 좌석은 전체적으로 한번 흔들리는 듯했다. 그의 등장은 내가 한동안 잊고 있던 사실을 환기해주었다. 「슬램덩크」는 우리 만화가 아닐 수도 있다. 맞다. 이것은 원래 남자애들의 만화였던 듯도 하다.

어딘지 모르게 찝찝름한 마음으로 마지막 「퍼스트

슬램덩크」가 시작되었다. 그리고 불안한 예감은 언제나 통계와 닿아 있었다. 나는 최종적으로 스크린 속 종이남성들을 샅샅이 관음하려 갖은 애를 썼으나, 이 욕망은 지속적인 방해에 부딪혔다. 옆자리 3D 남성이 상영 내내 쉼 없이 자신의 존재감을 뿜었기 때문이었다. 그는 자신이 이 모든 쇼의 '관객'에 지나지 않는다는 것을 전혀 이해하고 있지 못했다. 그는 스크린 속 남성들을 가만히 바라볼 줄 모르고, 계속해서 본인을 저 농구 코트 위 아름다운 가짜 부동산 속에 위치시키고 있는 듯했다.

영화의 초반, 주인공 송태섭이 경기에 앞서 주먹을 불끈 쥐며 결의를 다지는 장면에서 그가 함께 주먹을 들어 불끈 쥐었을 때만 해도, 나는 에이 설마, 했다. 나도 보고 있고 너도 보고 있는 저 얼굴과 육체에 설마 너를 동일시할 순 없는 것이었다. 그러니까 우리가 공유할 수 있는 일말의 3D적인 양심이 있을 거라 생각했던 것이다. 하지만 정대만의 친구 영걸이가 함께 폭력을 다짐하며 손가락 관절을 꺾은 순간, 그도 별안간 자신의 손가락 관절을 꺾어 뚜둑뚜둑 소리를 내기 시작했다. 나는 침묵 속에 하얗게 질렸다. 할 수만 있다면 영화관 전체를 잠시 멈춘 채 다시 불을 켜고, 그의 눈을 똑바로 보며 "아니, 아니잖아"라고 말하고 싶었지만 순간의 충격이 너무 커 입을 벌린 채 곁눈질로만 그를 몰래 살폈다. 그는 아주 흐뭇한 미소를 짓고 있었다. 그것은 종이남성을 소비하는 이들 특유의 뿌듯한 미소와는 결이 달랐다. 그러니까 그는, 영화 속 육신과 자신의 육신을 완전히 동일시하고 있었다.

살다보면 그런 순간이 있다. 응당 어떤 감정을 느껴야 마땅한 대상이 그 감정을 느끼지 않거나 느끼길 거부하면, 마치 벌을 받듯 그걸 보는 이들이 그 감정을 대리하여 느끼게 되는 순간들. 너무 낯부끄러운 짓을 하고도 수치심을 느끼지 않는 이가 있다면, 그 수치는 그

걸 본 주변인들이 나눠 갖게 되는 것이다. 그렇게 졸지에 나는 자정이 넘은 지금 시각, 머나먼 땅 남양주 돌비에서 느닷없이 이 벌을 받게 된다. 하지만 여전히 너무도 혼란스럽다. 대체 어떤 근거로 그는 자신과 저 종이 다비드들을 동일시하고 있는가. 이 에너지는 지금까지 함께 집단적 관음을 이어왔던 비(非)남성 관객들에게서는 느껴보지 못한 에너지였다. 영화를 보는 내내 스크린 속으로 껴들어오는 옆자리 3D남성의 존재감이 부대껴 견딜 수가 없었다. 그는 정우성이 뛰어난 기술로 모두를 따돌리고 골대에 공을 꽂아넣을 때마다 "하!" 하는 소리를 내며 고개를 연신 끄덕였고, 정대만이 쓰러지면서 쏴대는 3점슛에는 의자에서 등을 튕기며 "예쓰!"라고 속삭였다. 그는 분명 저 종이 코트 위에서 뛰고 있는 중이었다.

운 좋게도 수많은 관람 동안 주의를 기울이지 못했던, 예기치 못한 3D 등장인물에 나는 정신이 혼미해져

갔다. 「퍼스트 슬램덩크」는 그 없이 완벽했다. 하지만 그가 껴들어오며 스크린은 현실로 납작하게 확장되려 하고 있었다. 일정 기간 잘 유지해온 3D 남성들과의 쾌적한 거리감이 무참히 깨져갔다. 나는 어떻게든 잘 조직된 사운드와 영상이 전해주는 인공적 아름다움에 집중하려 했으나, 제아무리 훌륭한 돌비시네마라 할지라도 바로 옆자리에서 뻗쳐 들어오는 쿰쿰한 3D 에너지와 공기를 이길 수는 없는 것이었다. 이것은 오랫동안 잊고 있던 입체였다. 어릴 때 봤던 영화 「울트라맨」의 한 장면이 눈앞의 화면과 겹쳐졌다. 존나 뜨거운 불입김을 뿜으며 모든 것을 밟아버리는 괴수 고질라의 침략에 종이남성들이 팔랑팔랑 짓밟히고 훼손당하고 있었다. 하지만 이들을 구해줄 울트라맨은 오지 않는다. 울트라맨도 젠장 종이남성이기 때문입니다.

영화가 끝나고 마지막 엔딩 음악이 울려퍼지자 그는 몸의 무게를 등 뒤로 한번 완전히 보냈다가 튕기듯 경쾌하게 자리에서 일어났다. 그리곤 바로 내 무릎팍을 사정없이 밀치는 동시에 다시 한번 퍼벅퍼벅 패딩 싸대기를 날리며 상영관 밖으로 사라졌다. 스크린 화면엔 엔딩 크레딧이 올라가고 있었고, 이제 남은 종이 남성이라곤 수차례 본 쿠키 영상 속의 그들뿐이었지만 나는 그제서야 온전히 영화를 볼 수 있을 것만 같았다. 현실이 사라진 자리가 놀랍도록 쾌적했다.

상영관을 나오며 관람을 함께한 나쁜 친구들과 깊은 악수를 나누었다. 함께 먼 길을 달려온 그간의 노력과 수고를 서로 인정한다는 의미였다. 우리는 매번 영화를 본 후 이번에는 어떤 게 눈에 들어왔는지를 얘기하며 서로의 감상을 나누었는데, 이번만큼은 내 쪽에서 할 수 있는 말이 별로 없었다. 나는 3D 남성 얘길 꺼낼까 하다가 이들의 추억마저 망쳐버리고 싶지 않아 말을 아꼈다.

어쨌든 그것은 명백한 마지막이었다. 그리고 그동안

의 여정이 얼마나 안온한 온실 같은 것이었는지를 일깨워준 관람이었다. 어쩌면 그는 일상의 신(神)이 보낸 경종일지도 모른다. 너무 단것만 먹었으니 이제 쓴맛도 봐야 한다는 인생 가르침 사절, 일침의 현현이었을지도 모른다.

그렇게 「퍼스트 슬램덩크」의 시절은 마감되었다. 원 없이 젊고 탄탄한 육신을 탐닉했고, 공정한 승부의 세계가 있다 기꺼이 착각했으며, 스포츠 정신과 육체미라는 종교를 믿었다. 「퍼스트 슬램덩크」를 만드는 데에는 5년의 제작기간이 걸렸다고 한다. 이번 영화가 성공적인 흥행과 더불어 다시금 「슬램덩크」 붐을 일으켰기 때문에 눈이 높은 원작자도 다시 한번 영화화를 생각할지 모른다는 얘기를 들었다. 그런 날이 꼭 오면 좋겠다. 그리고 그때에도 종이남성들을 쫓아다닐 체력과 재력, 시간이 있기를, 다시 한번 지독히 인공적으로 아름다운 남성들을 감각할 수 있길 빈다. 다시 한번 지어

Dolby
INGMA

질 안일한 온실을 기대한다.

무대 위 강간을 보다

RG아트센터에 가서 유명 안무가가 만들었다는 무용극 「로미오와 줄리엣」을 보았다. 나는 「로미오와 줄리엣」음악을 무척 좋아한다. 프로코피예프가 작곡한 「기사의 춤」을 엄청나게 좋아한다. 그래서 어디서 「로미오와 줄리엣」을 한다고 하면 뭐든 간에 마음이 동하는 편이다.

이번에 보게 된 「로미오와 줄리엣」은 등장인물의 이름 같은 기본 모티브만 가져온 각색이 많은 극이었다.

원작의 원수 집안 싸움 맥락을 없애고, 극의 배경을 10대들을 교정하는 기관으로 잡아 어떤 구성으로 갈지 상당히 궁금했는데, 아니 근데 갑자기 줄리엣이 남자 간수에게 강간을 당했다. 음? 이 무슨 산뜻한 출발인가. 나는 이 강간의 의미를 극이 끝날 때까지 고민하게 된다. 아니, 사실은 이틀이 지난 지금까지도 계속 생각하고 있다. 왜, 왜, 왜, 강간이지.

로미오는 수용소에 새로 들어온 신입으로, 간수에게 강간당하며 살던 줄리엣과 애틋한 관계로 발전한다. 근데 줄리엣은 왜 강간을 당했더라. 이 안무가에게 강간은 어떤 기능인 걸까. 분명 무용수들에게 설명을 했을 텐데.

'여기서 줄리엣은 반드시 강간당해야 합니다. 왜냐면 그게 극적이니까요. 그래야 줄리엣과 로미오의 사랑이 더 빛나는 겁니다. 강간이 있어야 진짜 사랑의 아름다움이 더 빛나니까요.' 이렇게 했을까.

관람을 마치고 나니 어쨌든 이 커플과 간수의 갈등이 집안싸움이 제거된 극의 구심점이 되기 때문에 간수의 존재감을 키워야 했다는 건 이해할 수 있었다. 로미오와 꽁냥대는 줄리엣을 본 간수가 엄청나게 분노하며 극내 갈등이 절정으로 치닫기 때문이다. 하지만 여전히 왜 강간이어야 했나 하는 의문은 풀리지 않았다. 저항해야 할 대상인 동시에 연적이 되어줄 인물로서 간수가 필요했던 모양인데……. 근데 강간범은 연적이 아니라 그냥 범죄자 아닌가. 나만 또 너무 급진적인 생각을 하고 있나. 예술에서 강간은 아직 거친 사랑 표현일 뿐인가. 그러니까 강간은 했지만 사실 줄리엣을 좋아했다, 혹은 통제하고 싶었다, 그런 표현을 위해 강간이란 장치를 툭 갖다쓴 건가.

물론 강간은 매우 흔한 이벤트이다. 여느 창작자라도 끌어다쓰기 쉬울 만큼 도처에 널려 있으며 과거에도 현재에도 역사와 전통을 가지고 끊임없이 벌어지는 일이긴 하다. 그렇지만 나는 예전부터 자주 왜 어떤 예술작품은 반드시 강간을 도구나 장치로 아낌없이 선택하는지 궁금해진다. 그 의도와 쓰임에 자꾸만 마음이 쓰인다. 이를테면 이런 생각을 하게 되는 것이다. 여전히 여자에게 일어날 수 있는 가장 깊은 수렁은 남자한테 당하는 강간인가. 그러니까 인생의 가장 큰 어둠과 폭력은 반드시 남자한테 당한 강간일 거라는 건가. 근데 그건 대한민국 여자들을 보면 할 수 없는 생각이다. 그 유명 안무가는 대한민국 실정을 잘 몰랐을지도 모르겠다. 근데 그러면 한국에 이 작품을 유치하기로 한 쪽에서 조언을 해줄 수도 있지 않았나. 여기선 강간이 너무 흔한 일이라, 이 정도로 깊은 트라우마를 남기긴 쉽지 않네, 그런 조언 말이다.

어쨌든 나는 느닷없는 무대 위 강간에도 불구, 극을 끝까지 관람했다. 좋은 자리에 돈을 냈기 때문이기도 했고, 좌석이 허리 디스크 환자에게 생각보다 편안했으며, 또 혹시라도 줄리엣이 강간당하는 것 말고는 도저히 불가능한 맥락 같은 게 있을지도 모르니까. 왜냐면 아직도, 그러니까 2024년에도 강간을 기능으로 써먹고 있나 싶어서, 혹시 진짜 그런 건지 한번 더 확인하고 싶어서 그랬다. 커튼콜과 우레와 같은 박수가 지나가고 막도 내렸지만 여전히 이 작품을 만든 이에게 강간이 무엇인지는 잘 파악할 수 없었다.

집으로 돌아오는 길에 나의 강간 경험을 되돌아봤다. 분명 인생을 뒤흔들 만한 폭력이긴 한데. 그런가. 그걸 겪었어야 나는 고생해본 인간이 되는가. 그것 말고도 다채로운 폭력이 정말 많은데, 강간은 왜 그토록 매력적인 장치인가. 강간은 왜 이리 예술 서사에서 뛰어난 기능을 갖고 있나. 무대 위 강간에 대해선 으레 관객 모두가 어마어마한 피해라고 그 폭력성을 단번에 수긍하기 때문일까. 현실 강간은 그게 범죄이고 피해라는 걸 인정받기까지 여전히 너무 많은 이들이 의구심을 갖고 중립 얘기를 하시는데, 예술로 넘어가면 갑자기 모두가 저것은 진짜! 고난이고 진짜! 고통이라는 데에 쉬이 동의하는 것 같다. 강간은 인생을 망쳐버린다고!

내 경험에 따르면 인생을 분명 망치기는 하는데, 글쎄 뭐랄까, 사실 한국에서 산다는 것은 그런 거다. 그렇게 처음부터 동등한 입장에서 만져지기가 쉽지 않다. 실제로 그렇게 동등하게 만져진 사람이 몇이나 되려나. 한국에서 평생을 살면 아주 어릴 때부터 남녀노소에게 강제로 만짐당하게 되는 것이고, 그건 나이가 들어서도 매한가지다. 조금만 정신을 놓고 있으면 그런 일이 후루룩 생긴다. 기사도 맨날 뜬다. 예전에는 강간이 나오는 예술을 보면 끔찍했는데, 그나마 오랜만에 또 이런 작품을 봐서 그런지 강간, 뭐 그렇게 대단한가 하는 생각이 들었다. 여전히 어떤 창작자들에겐 뭐니뭐니해도 강간만한 장치는 없는 걸까. 근데 그 정도로 대단한 서사 장치라면 남자 영웅에게 돌아가야 하지 않을까. 하지만 그런 일은 잘 일어나지 않는다. 대신 남자 주인공의 여자 애인이 강간을 잘 당한다. 그래, 뭐 중요하긴 한 것 같다.

아마 이번에 본 「로미오와 줄리엣」의 안무가는 강간 한번 안 당해보고 산 것 아닐까 싶다. 안 당해본 분 특유의 나이브함이 좀 묻어 있다고 본다. 아니지, 안 당해봤다고 모를 거란 말은 옳지 않으니 하지 말아야겠다. 아이고, 벌써 글로 써버렸네. 하여간 그런 생각이 들긴 한다. 그 안무가분은 어쩌면 본인의 영혼이 강간당한 경험 같은 게 있을지도 모른다. 한국축구가 일본에 질 때마다 많은 분들이 그러하듯이.

하지만 그건 '진짜'가 아니지 않나. 아니 물론 정신적 고통이 물리적 고통보다 덜하다는 것은 아니다. 정신병자로서도 그 말은 진짜 아니라고 생각한다. 자, 그렇다면 이렇게 말해보자. 인생을 망쳐버리는! 그런 대단한 일을 그렇게 비유적으로 쓰는 건 좀 그렇지 않나? 이런 건 왜 겪어보고 말하지 않지. 젊어 고생은 사서 한다고도 하던데! 그렇다고 내가 지금 강간이 너도나도 겪어야 할 성장통이라고 말하려는 것은 아니다. 나도 글로 쓰다보니까 어쩌다 그렇게 흘러온 거지 진짜 그런 입장인 것은 아니다. 아, 이제 어쩌지.

자, 그러니까 요약하자면, 일단 오랜만에 너무 공개적이고 안락한 무대에서 느닷없이 강간을 넣어 각색한 무용 작품을 봐서 영문을 몰랐더랬습니다. 그냥 그런 이야기이다. 뭐 다 이유가 있었겠지. 알아서들 하셨겠지. 어휴, 무슨 말 한번 하기가 너무 힘들다.

전시장에서

입구 문을 잠그고 차로 옮길 작품들을 카트 위에 그러모았다. 구멍을 뚫었던 벽들이 잘 메워졌는지, 아무 일도 없었던 양 원상복귀가 잘 되었는지를 살폈다. 이제 작품이 아닌 벽을 한손으로 훑으며 걸어보았다. 다 걸었다.

아무도 없는 전시장 중앙에 앉아 빔 프로젝터로 벽에 쏘아진 영상작품을 처음부터 끝까지 봤다. 이제는 익숙해진 동료 작가의 목소리가, 내레이션이 귀에 차곡차곡 안 아프게 박혔다.

잠시 후 영상기기를 모두 껐고, 마지막으로 전시장 조명을 껐다. 휴대폰을 들고 완전한 어둠 속에서 플래시를 번쩍거리며 사진을 찍어보았다. 모든 사진이 전시 현장을 고발하듯이, 혹은 빈티지하게 나왔다.

문을 꼭 닫고 끝까지 뒤를 돌아보지 않은 채 전시장이 있는 건물 밖까지 걸어나왔다. 한번 돌아보면 계속 그러게 될 것 같아, 씩씩하게 뚜벅뚜벅 앞만 보고 걸었다. 분명 뭔가를 이뤘다는 생각이 들었다. 전시를 하며 반갑고 모르는 얼굴들을 많이 만났고 서로 익숙해지도록 한참을 함께 앉아 있기도 했다.

무척 그리워하게 될 거란 걸 알았다. 작품이 펼쳐진 순간들은 대부분 그리워진다. 전시는 열고 닫히는 것이기 때문에 절대로 되돌아갈 수가 없다. 훅 지나가버리고 나면 그리워하는 일만 남게 된다.

다음 전시는 언제 어떻게 하게 될까. 기약없이 아득

한 기분이 든다. 언제 또 운 좋을 수 있을까. 언제 또 작품을 펼칠 공간과 작품을 아는 기획자와 관객들을 만날 수 있을까. 이토록 경제적 손해가 명백한 활동을 벌일 욕망을, 꿈을, 기대를 놓아버리는 순간이 오기도 할까.

아득하다. 한없이 아득하다.
그립다. 한없이 그리워진다.

내릴 곳 없어 몇달을 실려 있게 될 작품을 차 트렁크에 싣고 시동을 건다. 왔던 길보다 돌아가는 길은 훨씬 더 묵직하다.

이 세상에서

저런 사람들

저런 사람들이란 게 있었다. 아주 어릴 때부터 자주 들었던 말이다. 저런 사람들은 이런 사람들, 그러니까 '우리 같지 않은 사람들'을 뜻하는 아주 넓은 말이었다. 왜냐면 우리 같은 사람들은 저런 사람들에 비해 아주 극소수였기 때문이다. 하지만 저런 사람들은 우리들과 그들을 구분하기 위해 만들어진 말이었다. 우리 같지 않은 것이 저런 것이었고, 저런 것은 저런 사람들 구성하는 요소였다. 대개의 경우 저런 사람들이 대화의 주제로 떠오를 때는, 막 그들과 만났다 헤어진 직후였기 때문에 **그런 사람들**보다 가까운 **저런 사람들**로 표현될 때가 더 많았다. 그들과 시간적·공간적 거리가 있을 때 **저런 사람들**은 그렇게 대단한 대화 주제를 차지하지 못했기 때문에 **그런 사람들**보단 **저런 사람들**이 더 입에 붙는 말이 되었다.

저런 사람들이란 말을 떠올릴 때 함께 떠오르는 이미지는 어린 시절 목욕탕에 갔을 때 마주쳤던 세신사 아주머니들이다. 그들은 당시 세상에서 나를 정말 예뻐해주던 몇 안되는 어른들이었다. 욕탕에 들어서자마자 나를 알아보고 큰소리로 반겨주었으며, 내 몸 구석구석의 때를 밀고 마사지 해주며 예쁘다, 예쁘다 말해주었다. 나는 예쁘다는 말을 그렇게 진심어린 감탄을 담아 힘주어 말하는 소리를 거의 듣지 못했기 때문에, 그들이 나한테 있는지도 몰랐던 몸의 부위 부위를 따뜻하게 만져주며 예쁘다, 예쁘다 말해줄 때마다 온몸

구석구석이 환하게 피어나는 것 같았다. 나도 모르는 새에 방긋방긋 웃고 있었다. 아주머니들은 내 어디도 예쁘고, 어디도 예쁘고, 또 어디도 예쁘다는 말을 주문처럼 외며 나를, 내 몸을 아껴주었다. 부드럽고 힘 있는 손길로 만져주었다. 때를 다 밀고 난 다음엔 얼굴에 요거트를 발라주었고, 몸에는 참기름을 섞은 오일을 발라 부드럽게 만지고 또 만져주었다. 목욕탕을 다녀오면 몸에서 구수하게 올라오는 참기름 냄새에 취해 노곤해진 몸으로 거실 소파에서 잠을 잤다. 참기름 냄새가 너무 난다며 싫어하는 가족도 있었지만 나는 항상 그 냄새가 몸에서 없어지는 게 아쉬웠다. 지금 생각해보면 그것은 그 시절 드물게 경험한 아주 구체적인 애정의 형태였다. 이 세상에 나를, 내 몸을 아껴주는 이가 있다는 아주 직접적인 증거와 실천. 그래서 나는 그때도, 지금도 목욕탕 특유의 숨 막히는 공기와 벌거벗은 알몸들을 보고 보이는 것이 몹시 싫지만, 그 아주머니들과 그들이 내게 주는 행위의 따뜻함을 사랑했기에, 정확히는 나를 사랑하는 그들을 사랑했기에 가족이 목욕탕에 간다는 얘기에 자주 따라나섰다.

하지만 그들은 정확히 **저런 사람들**이었다. 예쁘다는 기름칠에 잔뜩 우쭐해진 기분이 되어 차로 돌아오면 '너 그 정도는 아니야'라는 말이 바로 귀에 박혀 들어왔다. 가족은 분명 목욕탕 안에서도 같은 소릴 했지만 그곳에선 아주머니들이 해주시는 예쁘다 기름칠에 가려져 인식하지 못했다. 하지만 이렇게 차에 올라타 그 공간을 아주 떠나는 순간이 되면 어김없이 풍선처럼 부풀어오른 마음에 아주 뾰족한 바늘이 약속처럼 귀로, 피부로, 온몸 구석구석으로 찌르고 들어왔다. 그러고 나면 으레 곧바로 차 안에서는 **저런 사람들**에 대한 이야기가 시작됐다. 팁이 당연한 줄 안다, 저번에는 이천원 주어도 활짝 웃더니 오늘은 삼천원을 주어도 시큰둥했더란 이야기, 나 때문에 그 아줌마들한테 얼마를 찔러줬다는 이야기, 그러니까 그런 이쁘다, 이쁘다 소리를 다 믿으면 안 된다는 말. **저런 사람들**은 원래 그런 거야. 그렇게 **저런 사람들**이 어떤 사람들인지에 대한 정보들과 인생 팁들이 머릿속에 입력되기 시작한다. 하지만 나는 이쁘다 소리를 들으며 타인에게 몸이 만져지는 일을 또 당하고 싶었다. 물론 그들을 만나기 위해서는 옷을 홀딱 벗어야 하고, 이어지는 살쪘다는 탄성을 반드시 들어야 하고, 언제 또 이렇게 뒤룩뒤룩— 같은 묘사도 온몸에 대바늘이 꽂히듯 들어야 한다. 하지만 잠시만 고개를 푹 숙이고 타월로 앞을 가리고 등을 구부정하게 만든 채 있으면, 곧 욕탕에 들어가 이쁘다 세례를 들을 수 있다. 진짜 나를 사랑하는지도 모를 사람들을 만날 수 있다. 마사지를 자주 받으면 살이 빠질 수도 있었기 때문에 가족은 목욕탕에 따라가는 것 자체를 뭐라고 하진 않았다.

가족은 **저런 사람들**에게 쉬이 호감을 얻는 것 같았다. 가족은 **저런 사람들** 앞에서는 그들과 우리 사이에 구획이 있다는 걸 드러내지 않았다. 어차피 너무 명확하기 때문에 굳이 그걸 언급하는 것이 더 상스러운 일이라고 생각했는지도 모른다. **저런 사람들**이 뭔가를 권할 때면 농을 섞어 "어휴 아가씨, 우리는 이런 거 못 먹어, 우린 이런 거 살 수 있는 집이 아니야" 같은 말을 잘했다. 그러면 이런 부류에 능숙한 **저런 사람들**은 "왜 그러세요오 ─ 하고 오신 거 보면 다 아는데" 같은 말로 가족의 비위를 거스르지 않으며 우쭐하게 해주는 응대를 해냈다.

하지만 **저런 사람들**이 조금이라도 심기를 거스르면 가족은 반드시 그 자리에서 쳇소리 같은 소리를 내지르며 아이처럼 방방 뛰었다. 그렇게 그들이 무릎을 꿇고 고개를 숙이도록 열배, 스무배로 거슬렸던 심기를 되갚아주었다. 그곳은 백화점이나 일식집, 한정식집일 때가 많았다. 계산대에서 가족을 모른 척했거나 반찬

그릇을 소리 나게 내려놓는 일이 있었거나 또… 그중 아주 정당한 컴플레인도 있었을 것이다. 하지만 무엇이 됐든 되갚음은 거슬렸던 양보다 백배, 천배 정도의 데시벨과 화염이 되어 돌아갔다는 것만은 매번 확실했다. 그런 순간이 되면 나는 일단 가족 주변에 서서 빠르게 상황을 살폈다. 내 몸은 이미 빳빳이 굳어 있었지만, 상황이 어떻게 흘러가는지 반드시 신경을 곤두세우고 살피고 있어야 했다. 갑자기 가족이 내 쪽으로 몸을 홱 돌려 "너도 봤지?"라고 물을 수도 있고, 예상치 못한 순간에 "애, 가자!"라고 하면 놓치지 않고 뒤꽁무니를 쫓아가야 했기 때문이다. 그 흐름에 장단을 맞춰내지 못하면 나도 저 활활 타오르는 불나팔 소리를 정면으로 처맞게 되리란 걸 경험으로 너무 잘 알고 있었다.

카페에서 아르바이트를 하던 어느날, 한 손님의 얼굴에서 아주 익숙한 표정을 보고는 순간 정신이 멍해졌다. 무척 자애로운 표정이었다. 아주 따뜻한 눈빛과 미소로 잘 코팅된 그 얼굴은 **저런 사람들**을 마주할 때 나오는 얼굴이었다.

그는 나에게 자애롭다, 아직 내가 그를 위협하지 않았으므로. 나는 절대로 그의 일원이 될 수 없다. 그러므로 한없이 불쌍하며 한없이 낮은 것이다.

내가 그쪽으로 건너갈 수는 절대로 없다는 전제 하에서만 가능한 그 자애로운 표정이 무척 친근하게 느껴졌다. 그것은 마치 어릴 때 본 만화영화 같은 것이었다. 세세한 스토리나 대사가 기억나진 않지만 그냥 어린 시절 자주 접했다는 이유만으로 마음이 따뜻해지는 것. 그러니까 나는 이제 **저런 사람들**이 된 것이다. 누군가를 보필하고 누군가의 편의를 위해 주로 기능하며 그 누군가가 베푸는 것에 아주 적절한 리액션을 할 줄

알아야 한다. 그래야 다음에도, 또 이 다음에도 베풂을
받을 수 있다.

손님의 테이블에서 물러나며 나는 빙긋 웃었다. 뒤
를 돌아서도 혼자 계속 한참을 웃고 있었다.

나는 가난한가 부유한가

돈.

돈, 참 좋지.

돈이 있으면 쾌적하다는 게 참 좋다. 야구장의 기본
자리는 꼬투리에 맺힌 완두콩들처럼 다닥다닥 붙어 앉
아야 하지만, 돈을 한장 한장 더 줄 때마다 사방으로 공
기가 통하는 쾌적한 자리로 이동할 수 있다. 공연을 볼
때에도 더 좋은 시야와 소리가 보장된다. 돈만 더 내면
비행기를 갈아타지 않고 직항으로 갈 수 있어 시간도

몸도 아낄 수 있다. 그리고 또 돈이 좋은 이유는 남들을 시켜먹을 수 있기 때문이다. 이것도 어찌 보면 결국 쾌적해지기 위함인데, 귀찮고 지저분한 일들을 위탁해버릴 수 있게 해준다. 또 먹고 싶은 게 있을 때 정말로 메뉴만 고르면 된다는 게 좋은 것 같다. 어떤 걸 시켜야 제일 본전을 뽑을지 고민할 필요없이 너그러워지는 것이다. 사람이 간장 종지처럼 자잘자잘해지지 않게 도와준다.

그리고 돈은 쉽게 리셋할 수 있게 해준다. 빠그라진 기분, 망쳐버린 요리, 쓰레기가 된 작품, 맘대로 안 풀리는 인생의 면면을 규모에 맞게 리셋해준다. 사 먹고 사 입고, 또 사람도 노동도 결국 다 구매할 수 있다. 우리는 꼭 인생의 여러 꼭지에서 절망하고 좌절할 예정이기에 이런 리셋 기능은 요긴하고 중요하다. 딱 접고, 다시 시작! 이런 것을 하는 데 돈이 매우 필요하다.

돈, 너무 좋은 것 같다. 왜 이렇게 좋지? 근데 없다. 그래서 문제가 된다.

언제 처음으로 돈이 있거나 없는 것이라고 인지했는지 생각해보면 아주 어릴 때부터다. 주로 어른들이 하는 얘기를 듣고 돈이 뭔지 조금씩 알아갔던 것 같다. 어린 시절을 떠올려보면 좆이 없어 허락되지 않았거나 뺏긴 것 말고는 돈에 구애받지 않고 웬만한 건 다 할 수 있었던 것 같다. 아, 음악가나 미술가 되기는 결사반대 당했었다. 당시 가족이 댄 이유는 그런 걸 지원할 만큼의 돈이 없다는 거였는데, 지금 다시 그때를 돌아보면 그냥 나를 판검사로 만들려고 그랬던 것 같다. 아무래도 집집마다 판검사 하나 정도는 필요한 것이니까. 세상엔 부모의 필요대로 살아주는 자식새끼들도 있다고 들었다.

하지만 10대 내내 가난은 내게 아주 큰 이슈였다. 일

단 부모가 싸우는 이유는 다 돈 때문이라 들었고, 집에
서나 학교에서나 쉬지 않고 돈 타령이 들려왔기 때문
에 나는 우리 집의 가난이 무척 부끄러웠다. 고1 때 담
임은 "너희들 대부분은 믿기 어렵겠지만, 여기에서 급
식비가 백원이라도 더 오르면 점심을 못 먹게 되는 친
구들이 우리반에도 있다"라고 말했다. 하지만 크게 마
음 쓰지 않았다. 지금까지도 기억하고 있는 한마디지
만, 당시엔 그 말을 듣고 구체적인 누군가를 떠올려볼
생각도 하지 않았다. 지금 이 순간에도 전세계 어딘가
에는 기아와 전쟁에 시달리는 애들이 있다는, 흘려 듣
는 세계 뉴스 단신 같은 얘기였다. 물론 우리 집은 식비
를 내지 못한다는 애들보다는 훨씬 부자였겠으나 나는
한번도 그들의 입장에서 세상을 보는 법을 배운 적이
없었다. 항상 더 많고 더 나은 조건을 올려다보는 법만
을 익혔기 때문인지도 모르겠다. 우리 집은 60평이 아
니었고 방학마다 미국에 어학연수를 보내주지 않았으

며 도우미 아줌마나 운전기사 아저씨가 24시간 상주하진 않으니까 가난한 것이었다.

'미안하지만 우리 집은 니 친구 걔 있지, 걔네처럼 부자가 아니다, 그러니 너는 미술을 전공할 수 없고 취미로만 할 수 있다.' 그런 얘기를 듣고 펑펑 울었지만 나는 끝까지 싸워서 미술을 전공해냈다. 나로 인해 가족 모두가 힘들어할 거라 생각했지만, 그럼에도 화가 말고 다른 직업을 갖는 건 상상해본 적도 없었다. 원하는 건 꼭 갖고 싶었다. 우리 집이 가난하다는 게 너무 슬퍼서 자주 울었다. 같은 시기에 남자 가족은 미국으로 조기 유학을 갔다. 얼마전 부동산 유튜브 채널에서 확인한 당시 살던 고향집의 시세는 88억이었다. 황급히 껐다. 잘못 봤겠지 싶었다. 다시 한번 그 영상을 찾아볼까 했지만, 제대로 봤을까봐 무서워 다시 찾아보지 못했다. 하지만 며칠이 지나자 어쩐지 지금 우리 집 월세 70만원보다 싸게 느껴졌다. 억 소리보다는 만원

소리가 훨씬 실감났기 때문이었다.

압구정동에 가달라고 하면 택시기사들은 욕을 하곤 했다. 백미러를 통해 사납게 눈을 부라리며 오렌지족 같은 게 사는 그딴 곳엔 안 간다고 하는 기사님도 있었다. 늦은 밤에 집에 가야 할 때는 압구정동 옆 신사동에 내려달라고 한 후 나머지 거리는 걸어가는 쪽을 택할 때도 있었다. 하지만 남자 어른과 탔던 택시의 기사님들은 유독 친절하게 사장님, 사장님 소리를 잘했다.

1년에 한두번은 아파트 단지 주차장에서 술을 먹고 고성방가를 하는 사람이 나타나곤 했다. 그는 모든 것이 너무 억울하고 너희 같은 가진 새끼들은 죽어야 한다고 불 켜진 집들을 향해 고래고래 소리를 질렀다. 동네 아이들은 베란다에 매달려 그가 경비아저씨에게 끌려가는 것을 구경했다. 그리고 다음날 만나 왜 우리 아빠들이 열심히 일할 때 그 사람은 그러지 않았는가 함께 궁금해했다.

대학에 진학해 전국에서 모인 사람들을 만나고서야 우리 집이 전혀 가난하지 않을지도 모르겠다고 좀더 본격적으로 생각했다. 대학에 와서야 패밀리 레스토랑을 다니기 시작하는 애들이 의아했고 학비를 집에서 대주지 않는다는 게 무슨 말인지 잘 이해하지 못했다. 어릴 때부터 친했던 친구들은 장학금을 타내면 부모가 그만큼의 용돈을 포상으로 주었기 때문에, 열과 성의를 다해 공부했다. 나는 대학에서 공부 같은 공부를 한 기억이 드물었지만 그렇다고 학비가 아깝다고 생각한 적은 없었다. 왜냐면 그 정도 돈은 그냥 있는 것이라고 생각했다.

대학교 2학년 때 처음 막무가내로 가출을 했을 때 가장 걱정스러웠던 것은 스킨 로션 값이었다. 입시 과외를 해도 한달에 겨우 30만원을 벌었는데, 지난달 가족이 사준 백화점 스킨 로션 가격의 총합이 그 정도였다. 대학에 가면 독립을 할 수 있을 거라 생각했지만 현실은 너무 아득했다. 나는 스킨 로션 값도 벌지 못하는 상태에서 보증금이나 월세, 식비, 옷값을 떠올려봤다. 절대로 그걸 다 포기할 수는 없었다. 종신형이라는 말을 떠올렸다. 가족을 향한 영원한 복무, 그것 말고는 할 수 있는 것이 떠오르지 않았다. 진심이었지만 무척 치기 어렸던 나의 가출은 경제적·존재적 무능함을 명백히 증명한 기록이 되어 가족 사이에서 두루 회자되었다. 세상이 내 존재에 비해 그렇게 비쌀 것이라곤 꿈에도 생각하지 못했다.

가족에 성실하지 않으면 제일 먼저 용돈이 끊어졌다. 하지만 모두가 잘 때 가족의 지갑에서 몇만원을 훔쳐내도 눈치 채는 사람은 없었다.

스무살때부터 나는 항상 궁금했다. 나는 가난한가 부유한가. 분명 대학 동아리에서 만난 친구들과 중고등학교 친구들의 행동 양식은 달랐다. 어린 시절 친구들은 10원 단위까지 n분의 1로 더치페이를 했고 대학

동아리에서 만난 친구들은 번갈아 턱을 내듯 밥을 샀다. 모두에게 공평한 더치페이가 아닌, 누군가가 더 내거나 덜 내는 계산법을 납득하기 어려웠지만, 한참 후에야 밥 먹을 돈이 없을 수도 있다는 걸 진심으로 이해하게 되었다. 오전 수업을 같이 들은 미대 동기는 부모에게 선물 받은 명품백을 단번에 알아보았고, 점심을 같이 먹은 대학 노래패 동아리 친구들은 그 가방 브랜드 특유의 나뭇결 표면을 드르륵 드르륵 손톱으로 긁으며 김소윤이 또 웃긴 걸 메고 왔다고 웃었다. 나는 매번 널을 뛰었다. 매번 속하고 싶었기 때문에 어쩔 수 없었다. 하지만 결국 가족에 복무하지 않기를 선택하면서 삶의 양식은 익숙하지 않은 방향으로 자연스럽게 옮겨갔다. 더이상 n분의 1을 감당할 수 없게 되자 어린 시절 친구들과는 연락하지 않게 됐다. 돈을 아껴 다른 걸 사기 위한 핑계가 아니라, 진짜로 돈이 없다는 것을 설명하는 일이 버거웠다. 하지만 설명할 시도조차 하지 않은 것은 내 쪽이었다. 지레 포기했고, 바뀐 번호를 굳이 알리지 않았다. SNS가 없던 시대에는 그것이 끝일 수 있었다. 이후에도 어느 친구들과 있든지 무심결에 흘러나올지 모를 잘못된 양식의 언어와 행동을 단속했고 그 단속 옆에는 불명확한 형태의 덩어리진 수치심이 주춧돌처럼 자리 잡고 있었다.

　부자들은 부자라고 불리는 것을 싫어한다. 내가 만난 부자들은 보통 그랬다. 나이가 들면서 부자의 기준이 낮아질 대로 낮아진 나는 '진짜 부자시다!' 같은 소릴 잘했는데, 사실 부자들과 잘 지내고 싶다면 절대로 입에 올리지 말아야할 단어가 부자이다. 부자들은 부자라는 말을 불편해한다. 아직은 각자가 생각하는 진짜 부자에 못 미친다고 생각하기 때문일까. 그들도 올려다보는 법만을 알고 있기 때문일까. 진짜 부자가 되려고 조용히 애쓰고 있는데 내 쪽에서 '부자'라는 샴페인을 빵 터뜨려버려 불쾌한 것일까. 아니면 본능적으로 혁명을 당할까봐 몸을 사리는 것일까. 자기들을 부자라고 부르는 거지들이 일제히 찾아와 문을 두드리며 자신들의 원대한 꿈과 야망을 탐욕이라 부를까 지레 겁을 먹는 것인가. 자기보다 더 부자도 있는데 겨우 자기 정도에 대해 입방아를 찧을까봐 그런 건가. 근데 입방아를 찧는다는 말, 너무 귀엽지 않나. 입으로 방아를 찧는다니. 아무튼 부자들은 그런 것을 싫어한다.

전셋집에 사는 친구가 어느날 지인들을 집에 초대했다. 집이 좋다며 지인들이 장난스레 친구에게 집이 부자냐 물었는데 어쨌든 월세가 아닌 전세에 사니 부자라 할 수 있겠다 생각한 친구는 그렇다고 대답했다. 그렇게 집들이 파티는 찬물을 정면으로 때려맞고 모든 사람들은 불편해하다 돌아갔다고 한다. 가난한 사람들도 부자라는 말을 싫어하는 건가.

생활보조금을 받을 수도 있다는 연락을 받고 다음날 일찍 동네 주민센터를 방문하면서, 자격이 되지 않을까봐 노심초사했다. 혹시 가족이 아직도 부자라면 지원을 받지 못할지도 몰랐다. 나라에서 몇살까지 가족과 내 인생을 겹쳐 고려할는지 알 수 없었다. 제도의 마음을 가늠하기가 어려웠다. 주민센터에 도착해 사회복지사처럼 보이는 분을 대면했다. 지원금 얘기를 하자 아주 상냥한 어투로 주거지의 화장실이 집 안에 있는지를 나만 들을 수 있는 작은 소리로 물으셨다. 화장실이 집 안에 없어야 받을 수 있는 지원금이었다. 그 지원금을 받을 순 없었지만 그 바로 윗 단계 계층으로는 분류받을 수 있었다. 실내에 화장실이 있는 계층에게 국가는 지원금을 바로 주지 않고, 3년 적금을 만기로 부을 수 있는지 인내심 테스트를 거치도록 했다. 빠뜨리지 않고 꾸준히 3년 동안 350 얼마를 모으면 만기시에 국가가 모은 만큼을 더 보태주어, 결국 두배의 돈을 돌려받게 된다는 얘기였다. 고마운 얘기였다. 아득한 얘기였다. 되겠나 싶은 얘기였다. 3년은 너무 긴 시간이었다. 누구도 나에게 그렇게 꾸준히 일정한 임금을 주지 않을 것이었다.

나는 지금 서울 교통 요지에 사니까 부자인 것도 같다. 오늘 카페에서 육천원짜리 카페라떼를 시키곤 다 안 먹고 나왔으니 부자인 것도 같다. 그런데 있잖아요, 비밀이지만 보름 뒤 내야 할 월세가 없다. 집을 나오며 집주인 친구와 정답게 인사했지만 벌써 속은 켕기고 있었다. 이 사실을 들키기 전까진 부자일지도 모른다.

요즘 아는 퀴어 애들을 만나면 내가 계산을 해야 할 것 같아서 두렵다. 나는 얼굴과 이름이 알려졌고 이제 제법 나이도 먹은 축으로 가고 있다보니까 n분의 1 같은 '뿜빠이 계산'에 끼는 게 민망할 때가 많아졌다. 여전히 보험은 없다. 이미 정신과에 너무 다녀버려서 앞으로도 보험이 생길 것 같지 않다. 하지만 나는 차가 있다. 기름값도 쓰고 차량용 에어컨 필터나 엔진오일 같은 데에도 돈을 쓴다. 생각해보니 자동차 보험이 있다.

웬일인지 자동차 보험은 정신과에 다니는지 묻지 않았다. 그럼 보험이 없다고 할 수는 없겠다. 조금은 부자일지도.

*

그림 전시를 한 지 오래된 것 같다. 기금을 따내더라도 목돈이 들게 뻔한 전시를 열 용기가 도무지 안 난다. 언제 제대로 개인전을 열 수 있을지 모르겠다. 뭐가 제대로 된 개인전인지는 지금도 잘 모르겠다. 마지막이라고 생각한 2019년 겨울 단독 콘서트에는 벌었던 돈을 몽창 다 쏟아부을 용기가 있었지만, 지금은 빚이 얼마나 무서운 것인지 온 신경의 마디마디가 다 알고 있다. 그래서 현대미술에는 대담한 사람들만 남게 되는지도 모른다. 풍경이 있는 집에 살고 싶다. 하지만 지금 집 안에 화장실이 있는 우리 집도 내게는 감지덕지라고 생각한다. 동년배 작가가 페라리를 탄다는 얘길 들었다. 부러웠다. 그는 죽을 때까지 현대미술가일 수 있을 것이다.

어느 북토크에선가 독자 한명이 그런 얘길 했었다. "어차피 상속받으실 거예요. 걱정마세요." 확실하진 않지만 아마 내가 첫번째 책에 부모가 부자라는 얘길 써서였다. 가족에 복무하지 않은 댓가에 대해 얘기 중이었지만 부모가 부자라는 정보가 공개되면 그건 다 아무것도 아닌 얘기가 되어버리는 것 같았다. 돌아갈 자리 같은 게 있어 보이는 모양이었다. 아니면 내가 이 가난을 언제든 배반할까봐 그런 걸까. 그렇다면 마흔살을 먹고도 부모에게 린치를 당한 건 없던 일이 되는 걸까. 왜냐면 어차피 나중에 뭔가를 상속받을지도 모르니까. 하긴 법률사무소에서도 부모는 자식을 스토킹할 수 없다고 했다. '남편이 아내를 스토킹할 수도 있긴 하겠다' 정도가 현대 한국의 발전된 법 감정이기 때문에, 법적으로 부모는 아직 자식에게 사랑과 훈육만 하는 존재다. 가족 사이엔 아직 그런 것만 오간다. 하긴 그렇겠다. 법을 다루는 사람들은 대체로 부모이거나 누군가의 가족일 것 같다. 그들은 부모가 자식이 사는 집의 집주인을 매수하여 자식을 스토킹하는 세상을 살아본 적 없을 것이다. 하긴, 그런 인생이 세상 어디에 있겠는가. 그런데 나는 왜 아직도 이렇게 고통스러워하는가. 소스라치는가. 경찰을 빨리 부르는 연습을 하는가. 경찰이 도와주지 않을 수도 있는데. 근데 내가 부를 경찰은 부자일까. 부자라서 부자를 이해하면 어떡하지. 아니다. 부자가 아니어도 부자를 이해할 것이다.

나는 가끔 어린 시절의 부를 그리워한다. 그 부는 한 번도 공평히 분배되지 않았기 때문에 울분의 바로 옆 자리를 차지하고 있다. 그래도 나는 그 시절의 찰나 몇 개를 적당히 분리해내어 부러워한다. 두가지가 한꺼번에 맘에 들 때 아무것도 탈락시키지 않고 전부를 고를 수 있던 순간들을.

　친구들 중에는 원래도 이만큼 살았기에 지금도 이만큼 살아서 나를 만나는 친구도 있고, 어마어마한 부자지만 그 사실을 숨긴 채 나를 만나는 친구도 있으며, 집안 역사에서 역대 가장 큰 부자가 되어 나와 만나는 친구도 있다. 나와 비슷한 정도로 고만고만 아슬아슬하게 사는 친구도 간혹 있는 것 같다. 하지만 결국 우리는 각자의 풍요와 빈곤만을 느끼며 살다 죽을 것이다. 모두가 불편할 돈 얘기는 아무래도 하지 않는 게 나으니까.

　하지만 여전히 궁금하다. 나는 얼만큼 가난하고 얼만큼 부유한지. 넘들도 그런 궁금증을 갖고 있는지. 혹시 나만 이렇게 매사에 어리둥절하고 있는 건지. 아무래도 이런 궁금증은 너무 상스러운지. 그렇게 분노도 혁명도 없이 일생을 탈 없이 살다 가도 괜찮은 건지.

'어디'가 아팠죠?

"어느 쪽 다리가 아팠다고 하셨죠?"

나는 바로 대답하지 못했다.

"왼… 아니 오른쪽이었던 것 같아요."

"오른쪽… 같아요?"

충격적이게도, 나는 확신하고 있지 못했다. 한참을

머뭇거리다 수술했던 얘기를 기록한, 휴대폰에 들어 있는 책 원고를 찾아보고서야 오른쪽이라고 다시 얘기할 수 있었다. 분명 영원할 거라 생각했던 고통이었다. 이런 고통을 잊을 수는 없을 것이었다. 신경세포까지 기억한다던 그 깊고 치밀했던 고통은 기록이라는 내비게이션 없이는 어느새 위치도 확실히 짚어내지 못하는 것이 되어 있었다. 허리 뒤 피부가 딱딱하게 굳어버린 느낌, 스트레칭을 하면 피부가 찢어질 듯한 감각이 새로 생겼고 그 감각에 집중하느라 이전의 압도적인 고통은 벌써 잊히고 있었다. 모금까지 해서 이 몸에 어마어마한 돈을 썼던 것마저도 다 일순간 꿈같이 느껴졌다.

서경식 선생님을 만났던 글을 쓰고, 또 그의 죽음 후 반년 정도가 지났을 무렵, 디아스포라영화제에서 그가 나오는 다큐멘터리를 보았다. 화면 속 그의 입에서 "신다라 오와리(死んだら終わり, 죽으면 끝)"이란 말이 나온 순간, 잠시 머리가 쭈뼛 섰다. 그를 왜 좋아했는지 알 것 같았다.

어떻게 책 한권을 마무리 지었더라. 여러번 길을 잃는 느낌이 들었다. 아주 제대로 된 길을 내고 싶었기 때문이다. 시작과 끝을 어떻게 맺었더라. 아니, 그런 방법들을 다 잊어야 좋은 작업이 나오는 것이었던가. 남들은 어떤 글을 쓰더라. 아니, 그런 건 하나도 안 중요했었다, 처음부터.

다뤄내기 위해서는 거리가 필요하다. 거리를 달성하면 경험은 관찰이 된다. 잘게 썰어진다. 모든 것에 거리를 만들어낼 수 있다면 좋은 예술가가 될 수 있을 것이다. 하지만 그럼 그는 어디에 속할 수 있을까. 어디에도 마음을 뉘일 수 없는 자는 살아 있을 수 있을까. 결국 어디엔가는 기대고 있는 것일까. 하지만 결국 온전히 마음을 기댈 수 있는 곳은 자신이 만든 작품뿐일 것이다. 그곳 말고는 간격이 없는 곳이 없다. 사방천지에, 삶의 모든 순간에.

*

   '이반지하'라는 공간에 대해 생각한다. 반지하 작업실에서 '이반'으로 시작된 예술가로서의 삶은 걸음마다 이치에 맞지 않고 모순적인 것이었다. 반지하 작업실은 지상에서의 유년기와 가족에게 전혀 깔끔하지 못하고 불완전한 안녕을 고한 곳이었다. 또한 그 자체로 앞으로 펼쳐질 인생에 대한 예고편이기도 했다.

   완전히 지상도 완전히 지하도 아닌 곳, 대단히 메인스트림도, 대단히 언더그라운드라고도 할 수 없는 삶, 눈앞에 가득한 사람들을 온몸이 흔들리도록 웃길 수 있는 동시에 손쉽게 우습거나 없는 취급을 당할, 빗물과 먼지처럼 사정없이 들이치는 위험한 시선에 노출되는 동시에 빛이 아주 없거나 오도 가도 못 하게 갇혀버린 것은 아닌. 앞으로도 삶의 안팎은 그리 다르지 않은 모양새를 하고 있지 않을까. 그래서 나는 모든 공간 위에서 길을 잃는 것인지도 모른다. 그래서 나는 매 순간 확신에 차 보이는지 모른다. 그래서 나는 내 것을 하게 되는지도 모른다. 내딛는 모든 발을 헛디디고 있으면 결국 그것도 걸음걸이가 되기 때문이다.

이반지하의 공간 침투

초판 1쇄 발행 / 2024년 7월 26일

지은이 / 이반지하
펴낸이 / 염종선
책임편집 / 김새롬
조판 / 황숙화
펴낸곳 / (주)창비
등록 / 1986년 8월 5일 제85호
주소 / 10881 경기도 파주시 회동길 184
전화 / 031-955-3333
팩시밀리 / 영업 031-955-3399 편집 031-955-3400
홈페이지 / www.changbi.com
전자우편 / human@changbi.com